抖音

这么玩更引流

全彩图解版

江中原 著

图书在版编目(CIP)数据

抖音这么玩更引流：全彩图解版／江中原著.
—北京:金城出版社, 2018. 10
ISBN 978-7-5155-1738-4

Ⅰ. ①抖… Ⅱ. ①江… Ⅲ. ①网络营销
Ⅳ. ①F713.365.2

中国版本图书馆 CIP 数据核字（2018）第 215077 号

抖音这么玩更引流（全彩图解版）

作　　者　江中原
责任编辑　李明辉　李铁武
开　　本　880 毫米×1230 毫米　1/32
印　　张　8
字　　数　175 千字
版　　次　2018 年 10 月第 1 版
印　　次　2018 年 10 月第 1 次印刷
印　　刷　三河市腾飞印务有限公司
书　　号　ISBN 978-7-5155-1738-4
定　　价　55.00 元

出版发行　金城出版社　北京市朝阳区利泽东二路 3 号　邮编:100102
发 行 部　(010)84254364
编 辑 部　(010)64391966
总 编 室　(010)64228516
网　　址　http://www.jccb.com.cn
电子邮箱　jinchengchuban@163.com
法律顾问　北京市安理律师事务所 18911105819

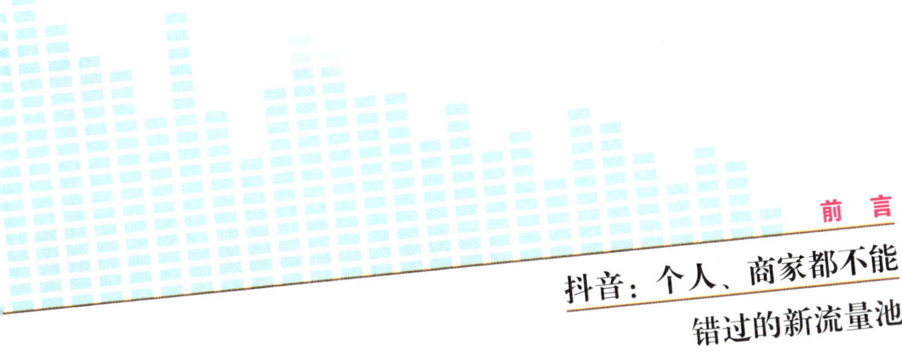

前言

抖音：个人、商家都不能错过的新流量池

抖音火了，是一种现象级的火，火到与微博、微信并称为流量洼地的三驾马车。抖音走红的同时，也火了入驻抖音的一批品牌：从最早的海底捞秘制酱料，到 COCO 的网红奶茶，再到后来的郑州答案茶、西安摔碗酒……商家走红的同时，个人在抖音平台上获得的红利也不容小觑：从最初的费启鸣、莉哥 o3o，再到后来的摩登兄弟、王北车，无数红人在抖音平台上诞生。

为什么说抖音是新的优质流量池？根据艾瑞网的数据显示，从 0 到月活跃用户上亿，抖音仅仅用了两年的时间，而抖音最大的竞争对手快手却用了五年的时间。2018 年 6 月抖音宣布国内日活跃粉丝达到 1.5 亿，粉丝不断增加，其画像更加丰富，人群的边界也不断扩容。从粉丝的购买力和转化角度看，抖音的流量质量是最高的，也是最适合投放广告的。

参考微信公众号的走势，从 2012 年上线，到完善规则、写手入驻、粉丝暴涨、阅读量稳定、阅读量下滑、红利消失等几个时期，红利的走势其实就是一个倒 U 型。抖音红利目前正处于倒 U 型的上升期，如果想要汲取更多红利就要抓紧，否则待更多个人和商家入驻抖音后，如同微信公众号一样，红利可能会慢慢消失。

如何玩抖音更引流，正是本书要解决的问题。从抖音的概念入手，到实操技巧，本书面面俱到，案例详尽，具体内容包括：

第一，定位。做企业也好，做抖音主播也好，都要明确自身定位，才能在抖音平台有所发展。如果你连自己是谁，能做什么，面对的对象是怎样都不知道，你在这个平台也就是玩玩而已。

第二，内容。永远都不要忘记“内容为王”这四个字，即使你外表再漂亮，没有内涵也经不起细细品味。作为抖音运营者如果只靠颜值或花哨的推广伎俩是远远不够的，还需要有与之匹配的实力，否则如同“烟火”一般，灿烂一下就消失了。

第三，视频。说白了，抖音就是一款短视频软件。所以，掌握短视频的制作技巧是玩转抖音的最基本工作。此外，每个短视频软件都有自己的特点，抖音也不例外，掌握独特的短视频制作技能，才能更好地引流。

第四，吸粉。粉丝经济时代，没有粉丝一切都是枉谈，而抖音更是“粉丝至上”，粉丝吸得越多越有价值。

第五，推广。“内容为王”与“酒香也怕巷子深”并不矛盾。无论借用什么社交平台，都要学会给自己做营销。你运营的抖音号如果想获得更多人的关注，获得更多粉丝，需要掌握更多专业推广手段在众人面前亮出自己。

第六，矩阵。现在不是个人英雄时代，任何成功都需要借助团队的力量。要想获得更好、更长久的发展，需要建立抖音矩阵，各账号间相互借力才是最明智的做法。

第七，复盘。科学系统的复盘是个人与团队能力提升的最有效方式。复盘是将经验转化为能力，找出过去的不足然后修正并加以提升。做抖音也是如此，通过复盘，将成功做抖音账号的经验变为能力，然后打造出无数个成功的账号，将运营过程中存在的不足寻找出来，加以修正和提升，让抖音号走得更远、更好。

第八，变现。这也是做抖音的终极目标。一个抖音号要想走得长远，只有激情与爱好是不够的，它需要更多的资源加以支持，而这就需要抖音号能迅速变现，只有如此才能将自己的盘子做大做强。

抖音所具备的高价值已不容置疑，作为个人、商家趁时机尚好，快速掌握抖音的运营技巧和落地指南，及时收获抖音红利吧！

目录
CONTENTS

1 CHAPTER 错过微博微信，就别再错过抖音

当下，最火的社交平台无疑就是抖音。抖音显然与微博、微信呈并驾齐驱之势。对于后来者而言，微博、微信的红利已经被先行者吸收殆尽，后来者想要分得一杯羹已经非常困难。而抖音正处于上升期，正是获取社交红利的好机会。全民抖音时代，你已经错过了微博、微信，千万别再错过抖音，现在就赶紧行动吧！

2 CHAPTER 定位：我就是我，是不一样的抖音“烟火”

做任何运营都需要定位，抖音也不例外。想要在千千万万的抖音号中脱颖而出，你必须有点儿特色才行。换句话说，你要做一朵不一样的“烟火”。首先，你要知道自己将成为什么；其次，你要知道自己擅长什么，在擅长领域做事才是正途；然后，你还要做一份竞品报告，知道你的对手都在干什么；最后，你要了解用户的真实需求，满足用户的需要才是真正的定位。做到这些，你才能抓住市场空缺，否则你只会成为别人的模仿者。

3 CHAPTER 内容：只有优质输出，才有高度关注

“内容为王”是一句老话，在很多人看来如同沧桑记忆，用推广取代内容，内容早已不吃香了。可现实是，但凡抱着这种想法的人最后都失败了。运营抖音号如果也认为“内容为王”已经过时，结果必然是加入失败者的阵营。

4 CHAPTER 视频：这样制作，1 亿点击不用愁

为什么“摩登兄弟”的演唱视频能获得百万点赞？为什么“野食小哥”发布的美食能引起那么多人叫好？“一禅小和尚”如何俘获了 3500 多万粉丝的心？……你一定很好奇，这些抖音视频怎么会那么火？因为运营者知道怎么制作高品质的视频。封面、文案、音乐、特效、拍摄技法、时间运用，一个都不能少，多方面打造一个点击过亿的 15 秒短视频。

5 CHAPTER 吸粉：抖音粉丝只有这样才关注

抖音的发展趋势见好，除了个人在抖音平台消费大量时间外，一些商家也纷纷进入这个风口。但并不是所有人都能成为风口上的猪，没有流量、不懂吸粉让很多抖音运营者看着别人获取红利，而自己只能在一旁干着急。想要引流吸粉，运营者必须静下心来学习专业理论和实操技巧，这样才能厚积薄发、一飞冲天。

6 CHAPTER 推广：不懂营销，抖音怎么玩都火不了

有了定位，也有了素材和视频，接下来你需要做什么？推广，没错！没有推广营销，你的抖音内容再好也很难火起来。如何增强抖音的影响力？蹭热度，大号推小号，评论引流，社群推广，音乐平台推广，微信、微博、QQ 推广，挑战活动等营销方式齐上阵。做到这些，你的抖音想不火都难。

7 CHAPTER 矩阵：能引流的抖音号从不单打独斗

抖音推广方式日益多样，一个抖音账号未免太过势单力薄，从自身需要出发，开设不同功能的抖音账号，建立团队战斗式的抖音账号矩阵。账号不同，定位与内容塑造亦不同，众账号可以有效地承担起各项功能。面对重要节点、热点造势等情形，更可以彼此互相合作，形成传播合力。各个账号相互独立又彼此关联，粉丝也可以根据自身需求，利用搜索功能快速精准地找到组织，从而让各个账号间相互引流也不成问题。

8 CHAPTER 复盘：回顾过去，把差变好让好更好

所谓复盘，是指对过去完成的项目所做的深度思维演练。如同项目运营一样，抖音运营也需要复盘。只有做科学专业的复盘，才能知道取得了哪些成果，存在哪些不足。除了关注结果之外，抖音运营者更重要的是通过复盘发现问题，分析问题，从而积累成功与失败的经验，为接下来的运营战略提供更具价值且可行的解决方案。

9 CHAPTER 变现：不能赚钱的抖音号都是“失败”的

做抖音的目的就是盈利，这是显而易见的。当下不少运营者不能清醒地领悟这一点，将抖音运营过程中的任何投入都当作对未来发展所做的投资。做抖音如同做企业，商界流行的一句话是：“不盈利的企业没有存在的必要，企业应该以盈利并为利益相关者创造最大价值为目的。”所以，抖音号不能变现，不能创造利润，运营者花费那么多心思又是为什么呢？难道仅仅只是为了娱乐吗？

1 CHAPTER 错过微博微信，就别再错过抖音

当下，最火的社交平台无疑就是抖音。抖音显然与微博、微信呈并驾齐驱之势。对于后来者而言，微博、微信的红利已经被先行者吸收殆尽，后来者想要分得一杯羹已经非常困难。而抖音正处于上升期，正是获取社交红利的好机会。全民抖音时代，你已经错过了微博、微信，千万别再错过抖音，现在就赶紧行动吧！

1.1 打败快手的抖音，它到底是什么

要说 2018 年最火的 APP，抖音算是其中之一了，相信不少人手机上都装有这款 APP。抖音的走红速度非常快，不到一年时间就与快手打平，不到两年就打败了快手，2018 年，已经隐隐有与微博、微信并驾齐驱，成为新的流量池、新的价值获取地的趋势。抖音，它到底是什么？居然具备这么大的能量？

抖音，是一款可以拍短视频的音乐创意短视频社交软件，于 2016 年 9 月上线，是一个专为年轻人打造的 15 秒音乐短视频社区。粉丝可以通过这款软件选择歌曲，拍摄 15 秒的音乐短视频，形成自己的作品。

不少个体在抖音上获得了红利，比如摩登兄弟、费启鸣、张欣尧等都在抖音上拥有几百万到几千万的粉丝。除了个体，不少企业也把抖音当作了新的营销阵地。

比如 adiasneo。其在 2018 年 1 月入驻抖音，3 月正式开通品牌主页，开始精细化运营抖音号。短短 1 个月，就累积了 121.5 万粉丝，视频播放量达到 1.5 亿次，280 万次互动。

海底捞也是抖音营销的先行者，有抖音粉丝把生鸡蛋和虾滑加到面筋里煮熟，引发了 200 多个与海底捞花式吃法相关的挑战赛，比如海鲜粥、番茄牛肉饭等。海底捞的一款豆腐泡的订单量还因为抖音直接增加了 17%。巨大的流量及转化率就是抖音的魅力之一，让不管是个体、商家，还是企业都纷纷入局。

1.1.1 抖音火爆的三个原因

抖音之所以这么火爆，首先就是因为它抓住了短视频这个要素，短视频的优势具体体现在以下三点：

本能

为什么不是音频或是别的载体受到当下粉丝的欢迎，而是短视频？是因为人的本能。当下是一个读图的时代，比起长文字，大多数人更愿意看到简单明了的图片。人类接受外部信息其实是来源于视觉刺激，图片就是这种视觉刺激。而视频就相当于连起来的图片，所以短视频能更加直观。针对这一点，抖音上除了短视频之外，也不乏用图片剪辑的类似于 PPT 的短视频，就是为了迎合人类的本能。

门槛

粉丝为什么喜欢短视频，而不是长视频呢？就是因为门槛。门槛分为两点（见图 1-1）。很明显，抖音是属于软门槛。

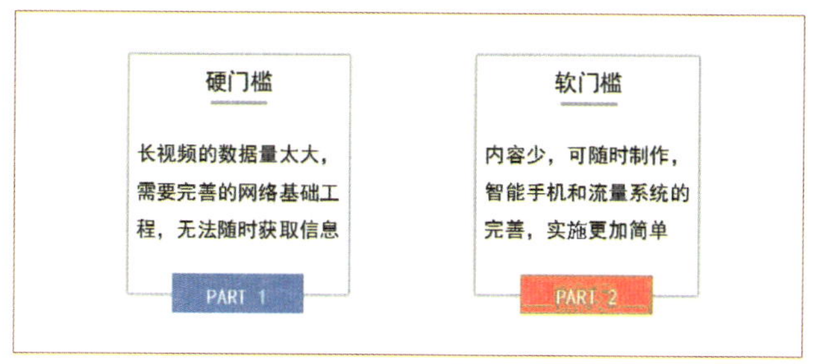

图 1-1　两种门槛类型

场景

现代人的生活不管是在时间上还是空间上都高度碎片化，所以短视频正符合了碎片化生活的场景需求。比如在等公交时，短视频几分钟就可以结束，不用担心视频长了没看完结局而感到难受。此外，短视频的娱乐性也是人们工作闲暇、冗长会议和出行时间的最佳调节剂。

1.1.2 抖音打造的四大“上瘾”逻辑

在如今这个信息爆炸的时代，最稀缺的资源就是粉丝的注意力与时间。因此，不管是个人还是企业，要想抢占粉丝时间，除了用刺激眼球的内容吸引之外，更重要的就是培养粉丝的使用习惯。一旦让粉丝上瘾，就火了。抖音的成功正是抓住了这一点。现在，我们就来用尼尔·埃亚尔的“上瘾模型”来看看抖音的上瘾逻辑是什么？

触发

触发是促使你做出下一步行动的诱因，就像病了要吃药，饿了要吃饭，渴了要喝水，抖音正是触发了粉丝对产品的兴趣，才能“上瘾”。触发分为两类：

一是外部触发，是指直接就能接触到的刺激或提示。在这点上，抖音采取了付费型触发和人际型触发两种手段（见图 1–2）。

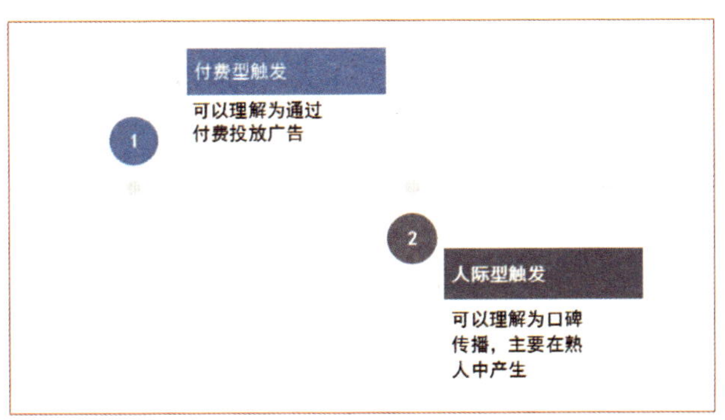

图 1-2　抖音的两种触发模式

二是内部触发，是指产品要满足粉丝的情感需求。现代人的生活节奏快、压力大，抖音正是抓住了这一情绪，在内容形式上主要由高效、酷炫、技能干货等方面组成。

行动

当产生触发后，就要使人们行动起来，要做到这一点需要具备以下三个要素：

一是充分的动机，这决定粉丝是否愿意采取行动。抖音给粉丝的充分动机就是追求内心的快乐及群体认同感。

二是完成行为的能力，而这由完成该行为的难易程度决定，其主要影响因素有五点：

(1) 完成这项行为所耗费的时间，一般看一个抖音视频在10—15秒；

(2) 完成这项行为所需要的经济投入，现阶段抖音粉丝无须投入；

(3) 完成这项行为的体力，对粉丝来说，看抖音视频只需要动动手指；

(4) 完成这些行为需要消耗的脑力，抖音的操作根本不需要粉丝思考；

(5) 他人对这项行为的接受程度，抖音现日活 1.2 亿足以证明这一点。

多变的酬赏

只有不断地给粉丝刺激，才能将他们的行为培养成习惯，而多变的酬赏就是一个很好的方式。在这方面抖音表现如下（见图 1–3）。有了酬赏，就会对下一步产生期待，如果我的行为持续下去是不是能获得更多，最终深陷其中。

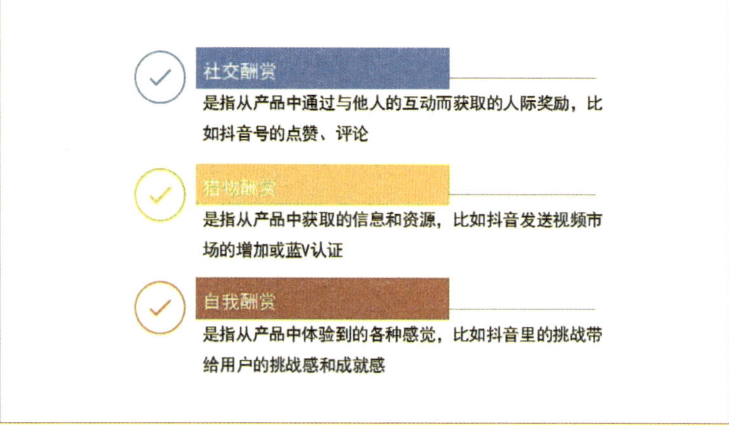

图 1–3　抖音在多变酬赏上的三个表现

投入

在粉丝享受酬赏之后，就要引导粉丝做投入，不管是时间、金钱、情感或其他资源。抖音在此的表现就是让粉丝为其提供更多的个人数据、社交资本、时间、精力、情感。粉丝投入得越多，就越对其“上瘾”。

1.2 抓住抖音的社交属性，就抓住了核心

仔细分析抖音的内容，就可以发现它的内容具备很强的互动性和社交属性，甚至已经形成了社交圈群的文化壁垒。所以，要想从抖音上引流，就要先抓住抖音的社交属性。

1.2.1 社交的三大要素

在获取抖音的社交属性之前，先要了解社交的本质是什么？构成它的要素有哪些？如此才能判断抖音是否已经具备了这些条件。

社交的本质是沟通与分享。人在渴望沟通的同时也渴望着分享，分享自己的喜怒哀乐，分享生活中的点点滴滴。因此，社交的本质就可以用一句话概括：“时间上投入沟通以及在互动当中的分享。”这一点，抖音上确实具备。粉丝在抖音上分享内容，然后在评论区互动。在沟通互动的过程，把自己认为好的东西分享给他人。构成社交产品的要素有三个：

第一，关系链。它是构成双方社交的前提条件，没有它就没有社交。不管是熟人还是陌生人都存在着关系链。因此，在平台上搭建关系链是抖音的重点工作。常见的方式一般有三种（见图 1-4）。

图 1–4　产品为粉丝打造关系链的三种方式

第二，信息。关系链连接完成，需要信息才能完成互动。比如知识问答的知乎，就是利用信息与粉丝完成互动，豆瓣也是通过评论信息完成互动，二次元社交网络哔哩哔哩则是通过弹幕信息完成互动。

第三，互动。人在发出信息后，都希望有所回应。人离不开社交，离不开互动，只有互动，才能感觉到自己存在。社交产品的互动一般可以分为两种：一是站内互动，帮助粉丝和自己相似的人进行匹配，引导新粉丝填写自己的兴趣爱好、年龄星座，以匹配相似粉丝或话题，有相似点才能进行互动；二是站外互动，主要表现形式为分享，把站内优质信息传播出去，带动更多的人关注与互动。

1.2.2 抖音打造六大功能助力社交

现在是社交的时代，抖音为了吸引更多粉丝，下了不少功夫，打造了六大功能助力社交。所以，在抖音上的抖音主播也要懂得利用这些功能为自己的抖音号助力（见图 1–5）。

同城功能。抖音把“推荐”功能旁边的“附近”功能变成了“同城”功能，粉丝除了可以刷首页推荐流，还可以看自己所处的城市发生了哪些好玩有趣的事。

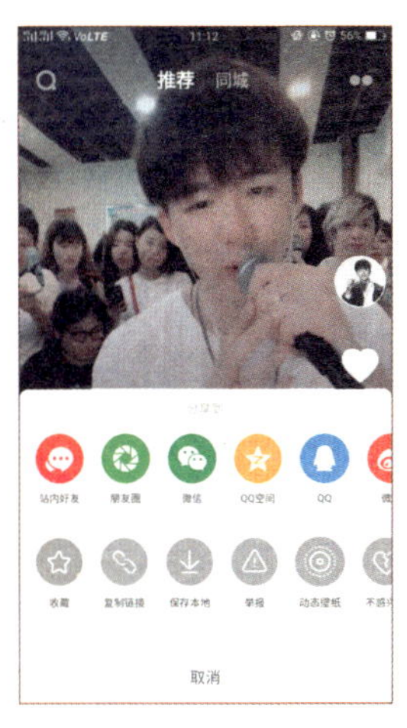

图 1–5　抖音的社交功能

支持图文发布，可设置隐私权限。隐私权限有“所有人可见、仅好友可见、仅自己可见”三种观看权限。如果抖音主播只想让自己的信息被好友看见，让好友感到自己是被“特别对待”的，就可以设置成“仅好友可见”，如此可加深好友的黏性。

“关注”界面改版。抖音最初的版本，底部“首页”标签的右边其实是“发现”功能，后面则被“关注”标签所替代。在这个页面中，粉丝可以查看自己所关注的好友。同时，经过几次迭代优化后，抖音的界面形式已经接近朋友圈，进一步强调了互动的重要性。

私信功能。2018 年年初，抖音上线了私信功能，并逐步开始支持表情和图片的发送。这一个功能就类似于微博的私信功能，粉丝可以通过这个功能与抖音主播更进一步地互动，抖音主播也可以信息在私信中回复粉丝，增强粉丝与抖音主播之间的一对一的互动体验感。

热门直播功能上线。粉丝对抖音主播产生关注后，久而久之就会产生粉丝心理，希望与对方有更深一步的接触。而抖音直播功能则满足了粉丝、抖音主播双方的需求，既加强了双方的互动，又能把更多地粉丝留在抖音上。

站内好友。目前，抖音在对外分享上主要有微信朋友圈、微信好友、QQ 空间、QQ 好友等路径，但是对内的分享只有站内好友这一种。原先这个功能让粉丝觉得非常鸡肋，但是腾讯平台对其分享的内容进行了限制后，这个功能就变得尤为重要。因此，抖音主播一定要注意“站内好友”这个功能的运营。

1.3 注册，是玩好抖音的第一步

相信大部分的人都认为，注册抖音号是一件极其简单的事情，甚至都不用注册，直接用微信、QQ、微博等第三方账号登录即可。如果真是如此，那就不会在此特别强调了。其实，抖音号的注册看似简单，其实其中暗含着许多能引流的小门道。

1.3.1 抖音号昵称

《定位》一书中有述：“在定位时代，你能做的唯一重要的营销决策就是给品牌起什么名字。”特别是对新产品而言，品牌名称对于品牌成功与否起到了超过 40%的作用。品牌名称并非是一个简单的记号，它以其自身蕴含的形象价值使产品获得持久的市场优势。一个好的品牌名称是品牌被消费者认知、接受、满意乃至忠诚的前提。其实，抖音号也是一个品牌。所以，抖音的称呼对其的重要性也和品牌名称对品牌一样，而大多数抖音主播都是凭自己爱好取名，忽视了昵称对抖音号的重要性。其实如何取一个好昵称，是有一个内在逻辑的。

抖音昵称的一些特殊规律

想要取好一个抖音名，就要先掌握它的一些特殊规律，可概括为以下四点（见图 1–6）：

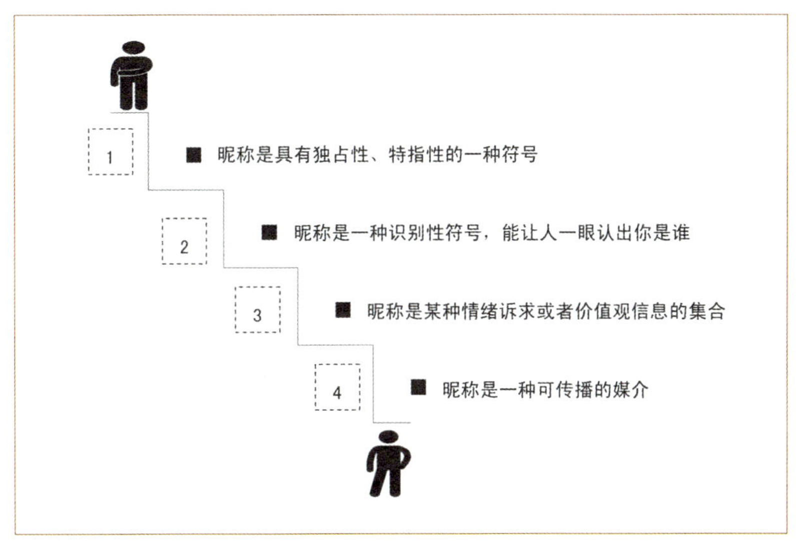

图 1–6　抖音号昵称的四大规律

三个标准判断昵称是否合格

什么昵称才是好的？这个“好”应该从三个方面去理解：

第一，好记。你给你的抖音号取名的目的是什么？很明显，就是希望这个名字能够被人记住，同时还能与其他同类型的抖音主播相区别。好记的名字一般要具备以下三个特点（见图 1–7）。

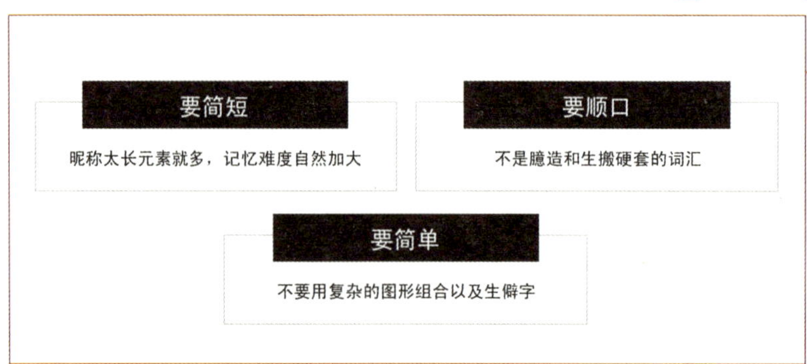

图 1-7 好记昵称的三大特点

第二，好理解。好理解的第一个含义是指要有美好的含义，并与抖音主播的特征相符。比如“办公室小野”这个名字就符合它的抖音定位，因为该抖音主播的内容是利用办公室的工具做“美食”；第二，不要混淆和歧义，这一点在上文就已经强调过。粉丝如果理解不了你的昵称，那么传播时就可能发生较为严重的错误。

第三，好传播。好记、好理解是解决识别的问题，好传播才是一个抖音号成长的关键。一个好传播的抖音昵称最重要的就是能够产生联想。

取好昵称的四个小窍门

如果要起一个能让粉丝记住的抖音昵称，抖音主播可参考以下四个小窍门：

第一，加量词。比如“一米阳光”。

第二，加命令动词。比如“来个水果”。

第三，叠词。比如“高火火”。

第四，使用数字。比如“莉哥 o3o”。

1.3.3 抖音号简介

虽然简介只是简单的一句话，但这一句话却代表着非常深刻的意义。它不只代表着主播的身份特点，更决定了其最终的传播效果。因此，在写简介时需要考虑以下三点（见图 1–8）：

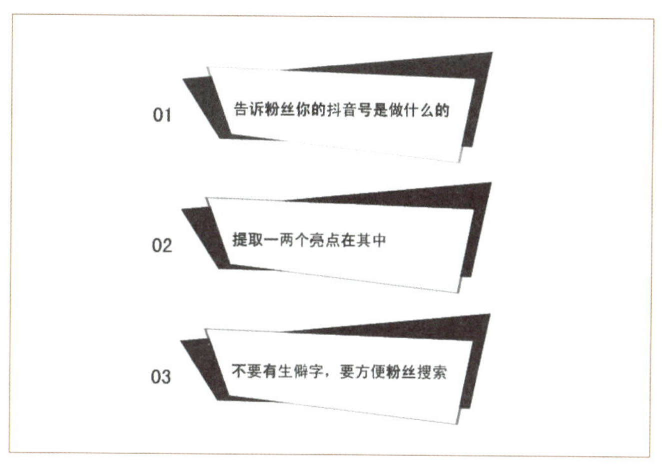

图 1–8　写抖音简介需注意的三点

比如，抖音号为 583738008 的抖音主播“健体张宇”，他的简介就符合了这三点其简介内容为“健美运动员、一对一亲自指导、运动营养补给”（见图 1–9）。

首先，“健美运动员”这五个字就说明自己是一名健身行业的从业者，关注自己就可以了解很多关于健身的专业知识；其次，“一对一指导、运动营养补给”，这把自己的服务项目做了提炼，有需要的粉丝自然就会关注他。

图 1-9 健体张宇的抖音主页

1.3.4 抖音号头像

头像在现代生活中，往往会给人留下第一印象。也就是说，抖音头像决定了粉丝对抖音主播的第一印象。特别是在虚拟的网络世界里，头像就是一种“视觉语言”。因此，选择好头像至关重要。

抖音头像的选择标准

第一，头像最好以人为焦点。如果是个人的抖音号，最好是用自己的正面自拍照或正面全身照为头像。

第二，头像最好以品牌形象为焦点。如果是企业的抖音号，最好用企业的商标图案或者品牌名字为头像。

第三，头像必须让人产生好感、能让人记住，特别是对于潜在粉丝，看到头像的第一眼如果反感，很可能就会拒绝关注。

第四，符合自己的定位风格。不管是用自己的真实照片作为头像还是使用其他图片，最重要的是要统一风格。比如抖音主播内容是潮流酷炫风，头像却是邻家妹妹、阳光哥哥，就显得太违和了。

头像选择的常见错误

在选择头像时，抖音主播最常犯的错误包括以下几种：

第一，以背景作为头像，毫无亮点；

第二，以卡通、动物图片作为头像，显得非常业余和不专业，除非是相关行业；

第三，以产品或者二维码作为头像，很容易让粉丝产生反感；

第四，以人群作为图像，粉丝第一眼根本看不到你在哪儿；

第五，虽然以人像作为头像，但是图片背景大过人物，人物成为衬托，失去焦点。

1.4 蓝 V 企业号，这么玩

最近流行什么，看一眼抖音就知道了。不管是各种网红店、网红美食、网红吃法，还是随时随地听到的洗脑神曲，甚至是让人垂涎的网红城市西安，无一不是借助抖音这个短视频平台大放异彩。正是因为抖音不容小觑的营销实力，吸引了一大批企业品牌纷纷入驻。

“桃最娘子”是珠海的一家以植物胶原蛋白为主题的茶饮品牌，该品牌在抖音上注册了一个企业号之后，发布了一个趣味捣蒜舞获得了极大关注，点赞量达到了 300 多万，迅速成为珠海，甚至全国的知名网红店（见图 1-10）。

图 1-10　“桃最娘子”捣蒜舞视频

除此之外，该店还结合周杰伦演唱会的噱头，在抖音上发起凡是拍跟周杰伦相关的视频并 @ 桃最娘子，就可到店内免费领取奶茶一杯。周杰伦珠海演唱会当日，许多参与活动的人都到店内领取了奶茶。桃最娘子表示：“活动当日的营业额提升至常态的150%以上，而且每天都有 200 个 @ 左右。”

从“桃最娘子”的案例中我们可以看出抖音给企业带来的巨大流量，只要懂得玩、玩得好，企业就能够通过抖音获得巨大红利。那么，企业到底该怎么玩抖音呢？

1.4.1 企业认证，迈向“抖音大咖”的第一步

企业要想从抖音号引流，实现转化。首先就要进行注册，完成企业认证。不要小看企业认证。2018 年 6 月 1 日，抖音官方发布通知，抖音企业号正式上线，并表示完成企业号拥有权威认证标识、营销工具、数据监测、粉丝管理等多项认证福利；同时企业认证将开启平台认证打通，即一次认证，就可享受今日头条、抖音短视频、火山小视频三大平台的认证标志和专属权益。

抖音企业号的申请教程

抖音企业号的申请并不难，只需要完成以下几个步骤即可(见图 1-11)。

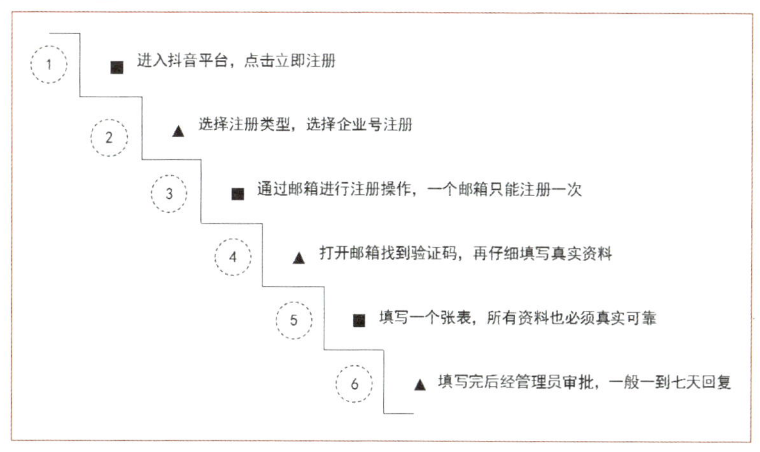

图 1-11　抖音企业号的注册步骤

注册抖音企业号需满足的条件

在注册抖音企业号之前，需要做好以下四点准备工作：

第一，已拥有抖音账号，且账号信息（头像、粉丝名、签名）符合企业认证信息；

第二，提交账号信息对应的企业主体营业执照彩色扫描件；

第三，提交认证公函加盖公章的彩色扫描件；

第四，如有请提供：网站 ICP 备案查询截图、商标注册证扫描件、软件著作权证扫描件、其他品牌授权文件扫描件。

申请抖音企业号的资质要求如上所述，审核公司不会要求提交其他资质或文件，提交的所有内容均只用于抖音企业号审核。

1.4.2 利用好抖音号给的福利

企业号既然是抖音专门开设的项目，必然是会有一些特别的福利以及专门打造的功能。企业懂得使用，如此才能利用抖音给企业盈利。

利用好抖音功能做好品牌识别

企业在抖音的阵地中通过视频与年轻粉丝沟通，传递品牌趣味化、实用化、娱乐化的一面。大多数的品牌都是通过一个LOGO，一个象征符号或者其他的方式进行品牌识别。为了让企业能通过抖音视频提高品牌的识别度，抖音推出了以下的功能：

第一，官方认证标识。蓝V的认证标识、企业品牌头像、认证名称都可以提高品牌的权威性。所以企业在注册时一定要将自己的信息注册完整，且保证正确。

第二，全昵称搜索置顶。企业抖音号认证后，在全昵称搜索时，能够被置顶推荐，这足以证明抖音对企业号的重视。企业要利用好这项服务，将重点视频内容进行二次加热，以带来更多的曝光机会。

利用好品牌信息矩阵带来更多流量

抖音短视频与今日头条、火山小视频打通，平台间身份与权益同步，如此就可以为企业带来更多的流量。企业在打通信息矩阵时要注意跨平台内容同步。不管是在火山小视频还是今日头条或者是抖音APP上的发的视频，都要同步到各个平台，同时要注意对方平台的定位，内容特点与平台相符。

1.4.3 玩好企业号的三大招数

企业如何快速地晋升为“抖音网红”呢？这就需要企业掌握以下三大招数：

招数 1：配备运营团队

要想成为真正的抖音大咖，其实还是需要专业的运营团队，特别是对大企业而言，一人身兼数职恐怕很难经营得好。无心插柳一夜爆红，只是偶然，有分工明确的团队才能让企业在抖音号走得更远、更好。

招数 2：把握内容发布节奏

抖音视频的内容有很多，对于企业号来说，可以总结为三种：热点型内容、标签型内容、广告型内容。不同的内容发布节奏是有讲究的。

第一，热点型内容可以根据热点发生的时间点实时产生内容，因此企业在做内容规划时需要给其足够灵活的操作空间。

第二，标签型内容要根据企业特点按照月份或季度制定长期的内容规划，以此保证平均发布数量的稳定。

第三，广告型内容要与企业关键营销节点进行配合，集中投放，这样有助于企业影响力在短期内得到爆发式增长。

招数 3：与产品做结合

企业号在发布内容时，最好能与产品相关，在产品上找卖点。比如可以把产品的业务内容视频化，这样更容易引起粉丝的关注。小米手机的“玩产品”就非常值得借鉴。小米手机的短视频抖音内容大多数都是以产品功能、亮点为创意的核心。比如，六一儿童节，全选小米手机图标，留住抖音图标玩贪吃蛇；女生打开小米拍照录像功能录了一条视频等。

1.5 抖音算法都不懂，还敢靠它引流

不管是在微信还是在微博，如果没有足够的粉丝，其发布的内容关注点都极低，但是在抖音平台上，哪怕没有任何名气、没有一个粉丝，完全零流量，都可以在短时间内打造出一个100万精准粉丝的大号。只要在抖音上发布视频，平台就会自动分配精准流量给抖音账号，为抖音主播带来大量曝光。

在网上有网友表示："错过了连音社、错过了摩登兄弟，却迷上了隔路人的王北车"（见图1-12）。2018年6月，一个叫"王北车"的抖音主播迅速走红，只用了短短一个多月的时间。王北车的抖音号，粉丝量达到507.8万、获赞数达到671.3万。其走红的视频歌曲包括《陷阱》《突然想起你》《姑娘》《雨一直下》。

为什么只是短短的一个多月的时间，这个长得不是很帅，只唱歌的男孩能迅速走红呢？除了本身的魅力之外，抖音的推荐算法在一定程度上帮助了"王北车"迅速走红，让其有了与连音社、摩登兄弟等坐拥千万粉丝的抖音大咖们公平竞争的机会。

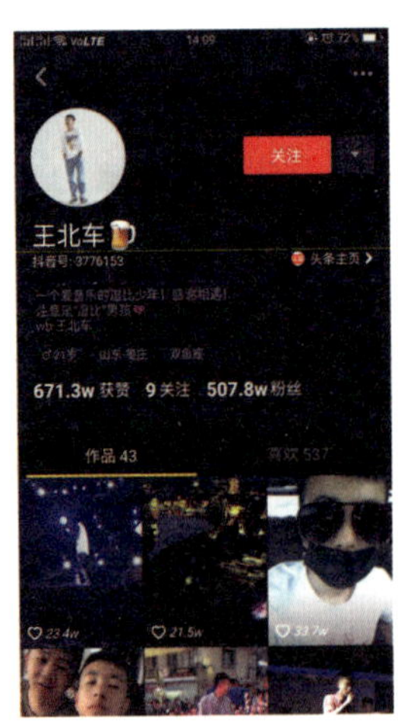

图1-12 "王北车"的抖音首页

1.5.1 抖音算法机制的好处

了解抖音的推荐算法，才能做好抖音。那么在此之前要先了解它的好处，才能把握住 15 秒视频内容的制作方向（见图 1-13）。

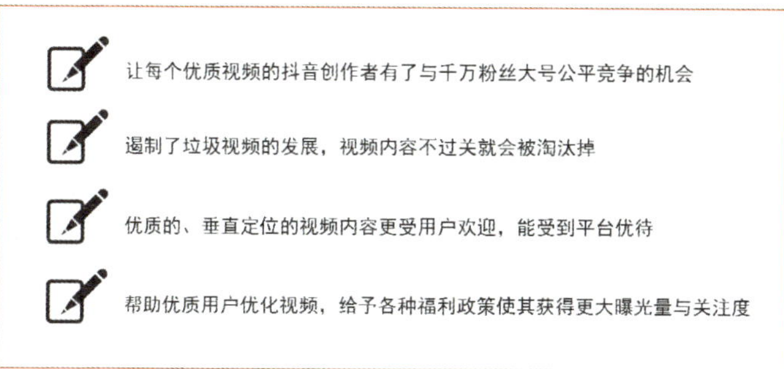

图 1-13 抖音推荐算法的四大好处

1.5.2 流量去中心化算法

抖音算法是非常有魅力的，而使其产生魅力的是抖音的流量分配是去中心化。抖音的推荐算法逻辑可以分为三部分：

智能分发

抖音是属于今日头条系列的产品，而头条系的产品一向与其他互联网产品的中心化流量分配不同，它是去中心化流量分配机制。比如微博就是中心化流量分配，刚开通微博的粉丝是没有人关注的。而抖音即使是 0 粉丝，发布的任何小视频，都能分配几十甚至上百的小视频。而新视频流量分发以附近和关注为主，同时根据粉丝标签与内容标签智能分化。

叠加推荐

是指抖音会给新视频分发100播发量，转发量超过一定的数量，算法就会将之判断为受欢迎内容，自动为内容加权。比如转发量超过10，抖音就会叠加推荐1000，转发量达100，持续叠加推荐到10000以此类推。叠加推荐是以内容的综合权重作为评估标准，其中包含四个指标（见图1-14）。

图1-14　推荐算法的四个关键指标

热度加权

只有经过大量粉丝的检验，被层层热度加权之后才会进入抖音的推荐内容池，接受几十甚至上百万的大流量洗礼。其热度的评判标准包括两个方面：

第一，热度权重的参考次序：转发量>评论>点赞量。

第二，根据时间择新去旧：除非有大量粉丝模仿及跟拍，一条火爆视频的热度最多持续一周。

1.5.3 提高抖音算法关键指标数

上文有述，抖音叠加推荐的四大关键指标是其推荐算法的核心点：

第一，完播率。是指15秒视频完整播放，这是视频的一条合格线，说明这条视频是有人愿意看完的。

第二，点赞量。如果说播放完整率是合格线，那么点赞就是优品的推荐。点赞率越高得到的推荐也就越多。

第三，评论量。视频评论的人越多，就证明视频的内容越好。

第四，转发量。转发的人越多，传播的范围就越广，叠加推荐的几率自然也就增加。

第五，转粉率。除了以上四点，其实还可以增加一点转粉率，因为这决定了内容发布者是否具备了持续吸引观众的能力，也是决定其是否具备成为一个“抖音大咖”的潜力指标。

以上五个关键指标越高，被叠加推荐的机会就越多，也就越容易成为爆款视频。那么，如何才能提高这五个关键指标呢？抖音主播可以从以下四个方面入手。

第一，上线后，找几个朋友点赞+评论+转发，完成抖音叠加推荐的基本条件。

第二，做好引导性标题，引导粉丝去评论和互动。

第三，视频内容要有槽点。让粉丝有点赞或在评论区吐槽的欲望。

第四，评论+私信，抖音主播要主动带起节奏，拓展出自己的忠实粉丝群。

1.6 一个人可以玩好，一群人可以玩得更好

虽然抖音上有不少大咖是单打独斗的，但是如果想走得更长远，走的更踏实，还是需要组建一支团队。因为在同等条件下，一群人的力量永远大于一个人。此外，单靠一个人运营抖音号也是极其辛苦的事，能坚持一时，却坚持不了长久。一个人的能力也是有限，总有自己的短板，因此制作出了内容也远不如团队打造出来的视频内容质量更好。其实不管是微博还是微信公众号，或者是其他直播平台，当那些走上人气顶端、商业价值顶端的主播其实背后都不是自己一个人在操作，而是团队。所以，团队组建是抖音主播迈向巅峰必须要走的一步。

1.6.1 5P 要素打造高效抖音团队

不管是抖音的团队，还是其他的团队，组建的目的都是为了有高效率。而 5P 要素正可以帮助抖音主播打造一个具备高效率特质的团队。

Purpose：团队目标

每个团队都必须要有一个目标，抖音团队也不例。团队目标必须跟组织目标一致，然后大目标要分成小目标，然后在具体到每个成员身上，最终集众人之力实现共同目标。比如某企业运营一个抖音号，目标是通过抖音实现 1000 万销售额。抖音运营要成为排名前列的抖音红人，然后帮助企业实现 1000 万销售额。排名前列是大目标，然后就可以分解成第一个月实现 10 万粉丝增长、

第二个月20万粉丝增长……具体到成员身上就是第一个月演员要帮助达到多少粉丝量、剪辑师剪辑的视频达到什么样的预期。

People：人

人是构成团队的最核心力量，目标也是通过人员来实现的，所以抖音团队成员的选择非常重要。且团队成员的职能也是不同的，有人出主意、有人定计划、有人实施、有人协调不同的人一起去工作，还要有人去监督团队工作的进展，评价团队最终的贡献。因此，在选择成员时，就要考虑成员的能力、技能、经验、性格是否互补。

Place：定位

对于企业而言，团队的定位在此有两层意思：一是抖音团队在企业的位置是什么，由谁选择及决定团队的成员，团队最终对谁负责，采取什么方式激励成员；二是团队成员个体的定位，就是每个成员在任务中扮演什么样的角色。

Power：权限

团队中领导者的权利大小与团队发展的阶段相关，团队到后期的成熟阶段，领导者权利变小，反之亦然。此外，团队权限关系的两个方面包括：

第一，整个团队在企业中拥有什么样的决定权？比如信息决定权、营销计划决定权。

第二，团队的基本特征。比如说团队规模的大小，团队的数量是否足够多，企业对于团队的授权又有多大。

Plan：计划

目标的最终实现还需要一系列具体行动的方案，因此需要做好团队完成目标的具体工作计划方案，只有在计划的操作下，团队才会一步一步接近目标，最终实现目标。比如要在半年内成为排名前十的抖音主播，粉丝量达到1000万，那么就需要事前计划好工作方案。第一个月，团队成员需要完成抖音号定位、内容策划方向、粉丝量达到100万；第二个月要达到粉丝量300万……

1.6.2 团队人数与角色

一般来说，抖音的团队4到5个人就足够，团队成员角色有主演、剪辑师、导演、编剧、摄影师。其中，主演和剪辑师由2人担任，导演、编剧、摄影师3到4人轮流担任，平均每个角色每天最少需要投入2到3个工时。需要注意的是“演员”，特别是真人出境的演员，其颜值和表演能力要达到一定的标准。如果是魅力帅哥类，那么高颜值是硬性要求；如果是搞笑类、才艺类，那么就一定要会演，能够豁得出去，够搞笑，这样才能引起粉丝关注。

图 1–15　费启鸣的抖音主页

比如拥有1846.4万粉丝的

费启鸣，就是属于颜值较高的“演员”，高颜值让他的视频内容更容易引起粉丝的关注（见图 1–15）。

1.6.3 团队的具体工作流程

抖音团队的工作内容主要包括：选题、剧本撰写、拍摄、剪辑、发布、维护。其中选题和剧本是最重要的环节，是决定视频质量和后续流程是否能够顺利展开的关键因素。其工作流程具体如下：

第一步，在选题会上各成员提出自己的选题，简单讲述故事线和内容，从中选择两到三个合适的主题；然后讨论具体的故事版，大致拍摄几个镜头，每个镜头都讲述了哪些内容，高潮点在哪；最后通过分镜图简单示意画面的细节、镜头运动、走位等等。

第二步，编剧根据讨论内容将脚本整理出来，与其他成员讨论，并根据问题再次调整，最后在拍摄前敲定。

第三步，拍摄视频。在拍摄时，最为关键的就是演员的表现，导演或摄影师要与演员充分沟通每个镜头的内容，使其表演所呈现效果达到预期目标。

第四步，剪辑师剪辑视频，视频内容好不好，剪辑很重要。如果剪辑很出色，即使视频很平淡，也能让起死回生。

第五步，发布。发布视频，在发布时要找准时间点，判断什么时间点是粉丝上线的高峰期。此外，也要把视频同步到其他平台，比如火山小视频、今日头条、微信、微博，以达到最大的传播效果。

第六步，维护。发布之后要注意视频的热度，看看点赞量是否达到预期目标、转发量又如何，评论少就要多引导粉丝进行互动评论。

2 CHAPTER 定位：我就是我，是不一样的抖音“烟火”

做任何运营都需要定位，抖音也不例外。想要在千千万万的抖音号中脱颖而出，你必须有点儿特色才行。换句话说，你要做一朵不一样的“烟火”。首先，你要知道自己将成为什么；其次，你要知道自己擅长什么，在擅长领域做事才是正途；然后，你还要做一份竞品报告，知道你的对手都在干什么；最后，你要了解用户的真实需求，满足用户的需要才是真正的定位。做到这些，你才能抓住市场空缺，否则你只会成为别人的模仿者。

2.1 知道自己将成为什么比什么都重要

从2018年春节开始，抖音的“火”就没有停下过。抖音甚至已经挤掉微信、微博等一系列耳熟能详的软件，在苹果APP商城中迅速成为免费下载榜中的第一名。

在这股风潮中，敏锐的企业或者个体，或者自媒体人都在努力搭乘这班红利之车，拿来为我所用。从必胜客到海底捞，从阿迪达斯到Airbnb，这些国内外大品牌无不看到了抖音引流的优势，纷纷借助抖音进行营销。

这也给更多的运营者带来了希望，许多抖音主播也不再只是贡献好玩的视频和获得点赞，而是开始进行营销，从商业角度在抖音里掘金。

当然了，想要在抖音获得引流，首先就要学会定位，而定位就是要知道自己将要成为什么。换句话说，给自己找到一个基本的方向。

2018年“3·8妇女节”这天，天猫商城利用抖音明确定位“女王范儿”，引流无数，看一下具体的操作：

在天猫举办的“3·8女王节”这天，商城携手抖音，创造女生多种特质的展现模式，制作并拍摄内容视频，传递出来一个明确的定义，那就是“一起放肆做女王”。很显然，这就是天猫商城这次在抖音做引流的主要定位。知道自己想要成为什么，给粉丝提供了一个明确的主题。天猫在抖音中借助三位抖音主播红人的三支视频，用于品牌挑战赛，聚拢了数百万的粉丝。

当天这次抖音活动，效果明显：总曝光量超过507万，总点击量超过 2.7 万，有效播放量超过 397 万，有效播放率直达 78%，总互动数 23.6 万，点赞数超过 13.6 万。

很多抖音主播在了解了天猫的做法之后，恍然大悟，原来依靠抖音引流并非漫无目的地在抖音发视频做直播，而是要有定位策略，明确自己的定义。

2.1.1 直接展示：我就是卖产品

定位的本意也是为了更好地营销、引流，所以必须要提前找到方向，知道自己将会成为什么。如果自己的产品本来就自带话题性，或者已经颇有知名度，十分有趣，那就没必要绕弯子，直接在抖音中展示产品即可。这是一种直接定位，让粉丝可以一目了然，快速明确你的用意，迅速捕获你的产品。

例如，有这样一款记事本特别有趣。这不是一款普通的记事本，它除了纸和笔本身的用途之外，还在记事本内隐藏着 1 个移动电源、3 根充电线和 1 个 U 盘。

由于这款记事本本身设计非常有创意，而且抖音主播直接把记事本使用的过程全部呈现，粉丝可以清清楚楚地看到产品的魅力。这条抖音视频在短时间内获得了百万点赞。在数以千条的评论中，粉丝纷纷询问购买这款记事本的链接和方式。

这就是简单的直接展示。没错，如果你的产品够劲爆，够创意，够有趣，大可以直接拿来“吆喝”，因为这就是抖音主播表现出来的调性。

2.1.2 打造知名度：我要成为抖音“网红”

在定位中，除了直接展示产品之外，当然还有很多定位选择。

其中，打造知名度就是一个不错的定位。很多人都非常羡慕那些拥有百万粉丝的抖音主播，看着他们粉丝如潮，点赞连连，但是你有没有想过他们在一开始是怎么做的呢？

实际上，所有百万粉丝的抖音主播在一开始都知道自己要成为什么。很多抖音主播一开始就给自己设定为“我要当网红”“我要出名”等。本着这个打造知名度的宗旨去做抖音，自然就会有的放矢。

那么如何才能在一开始设计好打造知名度的定位呢？这需要做到三点：（见图 2–1）

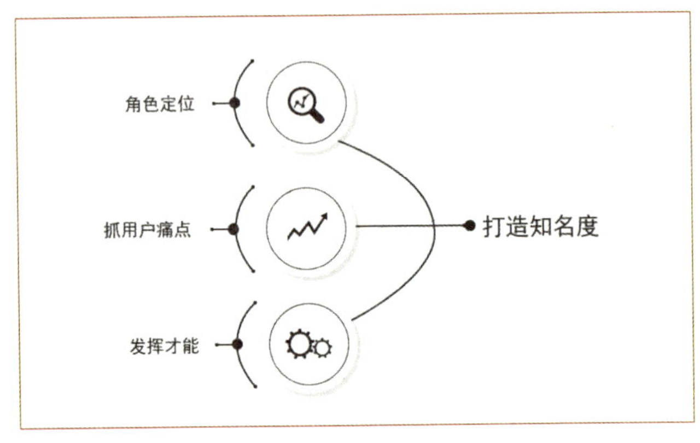

图 2–1　抖音号设计打造知名度的定位

例如有一个静家常菜抖音主播，她的抖音号有一百多万粉丝，累计点赞超过 450 万。她是如何做起来呢？你可能想不到她起初只是一名带娃的妈妈，为了可以在抖音有知名度，她就把自己“辣妈”的角色代入到了抖音主播中（角色定位），在这个基础上，她每天在抖音晒出自己手工制作的美食，这些美食看上去让人垂涎三尺。很多时候她还“深夜放毒”，攻击粉丝的味蕾，这无疑让很多不会做饭的粉丝抓狂（抓住了用户的痛点）。她在抖音中呈现出了做饭的视频以及各种设备工艺，甚至还花样百出，让美食更加时尚和有趣（发挥才能）。通过这种打造，她的知名度逐渐上升，粉丝从一开始的几百人增涨到一百万。

2.1.3 特色展示：我们不一样

抖音引流定位中还有一种独特的方式，那就是特色展示。抖音主播要知道自己为什么要玩抖音，要给粉丝呈现出什么，这是最重要的。这个问题恰恰就是你想要成为什么的一个延伸。

很多抖音号开通抖音，玩抖音只有一个目的，那就是特色展示，用视频的方式高调喊出“我们不一样”。

虽然这个定位和第一种直接展示本质上相同，但是侧重点不同，具体表现如下（见图 2-2）：

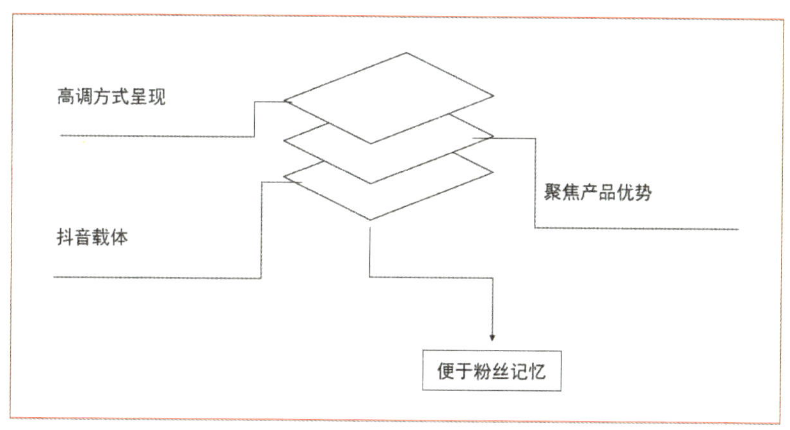

图 2-2　特色展示的流程

很显然，特色展示的定位是对产品的某个优势聚焦，用夸张高调的方式来展现。而这个载体就是抖音。这样的方式可以便于粉丝记忆。

例如，宝马汽车就用过这种方式，在抖音中高调呈现“我们不一样”的特色展示，推出了宝马 GT 的“空间大”卖点。为了突出这个卖点，销售人员在抖音中直接将 12 个人“藏”在了这款汽车中。没错，这款汽车里真真实实地藏了 12 个人。这个呈现让很多粉丝印象深刻，宝马因此也取得了巨大引流。

2.2 自己擅长什么领域就锁定什么领域

想要让自己在抖音中疯狂引流，必须要清楚自己擅长什么领域。找到这个领域，然后在抖音中针对该领域视频呈现。这也就是所谓的自我定位。只有自我定位准确，才能在抖音中发挥出先天优势，争夺巨大流量池。

在抖音中有一个主播是私家衣橱，仅从名字上就可以看出这是一个时尚服饰类的抖音主播。她仅用不到三个月时间就拥有 1.4 万粉丝，获赞高达 59 万。看一下她是如何做到的？

首先，她很确定自己的定位是卖衣服。她在线下有一家实体服装店，是一位服装店老板。所以，她运营抖音，引流的目的就很明确。

其次，在服装搭配领域，也有很多做时尚、服装的抖音博主，为什么没有做起来呢？因为他们没有在擅长的领域发挥出优势。而这位“私家衣橱”主播非常擅长服装搭配，而且凭借高挑的身材和独特的挑款眼光，在视频中给粉丝呈现出了时尚潮流，甚至给粉丝带去了服饰搭配的引导作用。因此，获得了很多粉丝的点赞。

最后，这位抖音主播每天都发抖音，即持续性。很多人找到了自己专长的领域，但是却没有坚持下来，最终粉丝自然都跑光了。而“私家衣橱”却非常有耐心，每天坚持拍摄视频，更新抖音，在第一时间给粉丝带去最新的服装搭配信息。

这位“私家衣橱”依靠抖音不仅获得了曝光率，而且在实体店疯狂引流，每天都有大量因在抖音观看她的视频而去店里选购衣服的客户。

所以，找到自己擅长的领域，借助抖音这个平台呈现自己的优势和特色，才是真正引流的重要前提。

2.2.1 客观审视自己，锁定一个专长领域

很多人觉得自己不知道应该在哪个区域做抖音，甚至有些人认为自己非常多元化，可以尝试多个领域。实际上，这样的方式很可能竹篮打水一场空，什么也得不到。想要借助抖音突破引流，获得百万粉丝，首先就要客观地审视自己，锁定一个专长领域。

在这里，有几个方法可以借鉴：

第一，你做过被人赞扬最多的事情是什么？

一个抖音主播想要找到自己的天赋或者专长其实很简单，先静下来心来，好好审视自己，自己到底做过哪些事情是被别人赞扬最多的。你可以把这些事情在一张白纸上列出来，比如你演讲很好，不怯场，而且没有口误，逻辑很清晰等；再比如你擅长做饭，喜欢做各种花样美食，经常得到别人的赞美。这些事情很可能就是你的天赋专长所在，找到它，它就有可能是你的抖音引流神秘武器。

第二，你能全身投入，并且废寝忘食去做的事情是什么？

很多抖音主播唱歌特别好听，无论是嗓音还是外型，无论是选歌还是挑战，都非常好，有时候一唱就是几个小时，每天都坚持发视频。这样的主播自然会得到人们的喜爱，因为唱歌就是他的专长。

当你真正喜欢一件事情时，你才会全神贯注，废寝忘食地坚持。而也正是因为你长时间的坚持，你也才会做得比别人要好。

第三，你有没有学得比别人快、用得比别人好的技能？

还有一些专长是后天学习得到的。其实这也是一种天赋，只是平常你很少用到。人们的认知是有限的，很多本身比别人优秀的地方，甚至连自己都很难发现，而在后来接触到某个事情时，会突然显现出来。这就好像有些人从没学习过演戏，但是因为一次机遇而客串微电影，发现自己演戏非常入神，得到很多人的赞扬。这样的人如果加以继续培养，一定可以大展身手。

简单来说，就是你做一件事有悟性，别人需要十天，你只需要三天，而且做得比别人还要好。

上述几个方法，我们可以逐一试验，并且自我寻找，运用这种科学的方式，一定可以发现自己的专长，并且锁定它，不断培养和训练。只有这样，你才能在抖音中自如发挥，吸引更多流量。

2.2.2 放大现有品牌文化，加大创新力度

很多企业做抖音号，目的也是引流。那么企业应该如何锁定自己擅长领域呢？最重要的一点就是坚持企业自身品牌的力度和文化价值观，然后在这个基础上进行创新和策划。

雪佛兰汽车在抖音中做的就非常有代表性。雪佛兰为了宣传

2018 年新款迈锐宝 XL 汽车，发布了一条极具活力的抖音视频。

这条抖音系雪佛兰官方原创音乐，用 Rap 形式的歌曲，用漫画的形式呈现这款汽车的创新与潮流，最后呈现出了第九代迈锐宝 XL 的“加州制造”精神，并且呼吁粉丝为加州制造精神点赞（见图 2–3）。

图 2–3 雪佛兰迈锐宝 XL 抖音

这条抖音也符合了雪佛兰汽车品牌忠于创新、忠于活力的一种文化精神。企业在做抖音时，没有脱离雪佛兰的价值观，而是在这个基础上用漫画、Rap 的创新方式呈现，可谓是继承并发扬了自己原有的专长。粉丝也会对迈锐宝这款汽车产生兴趣，尤其是一些充满活力的年轻人，更加热爱这款汽车。

雪佛兰很成功地在自己擅长的领域内打了一手好牌，这种做法也值得同行借鉴，更是很多做抖音的典范。

2.3 做一份竞品分析报告，别进入自己不会赢的领域

做抖音运营引流，还需要根据竞品分析来定位自己，换句话说，千万不要进入自己打不赢的领域。

在做竞品分析时，大部分抖音主播会选择挖掘自身产品与其他产品到底在哪里不同，然后分析怎么竞争，怎么超越，时常徘

徊在这样的问题之间："我做了别人也在做，别人做的我要不要做?"中间往往会延伸出很多问题。

想要更加准确科学地做出定位，我们需要科学专业的方法，下面是竞品分析的整体模型图（见图 2-4）：

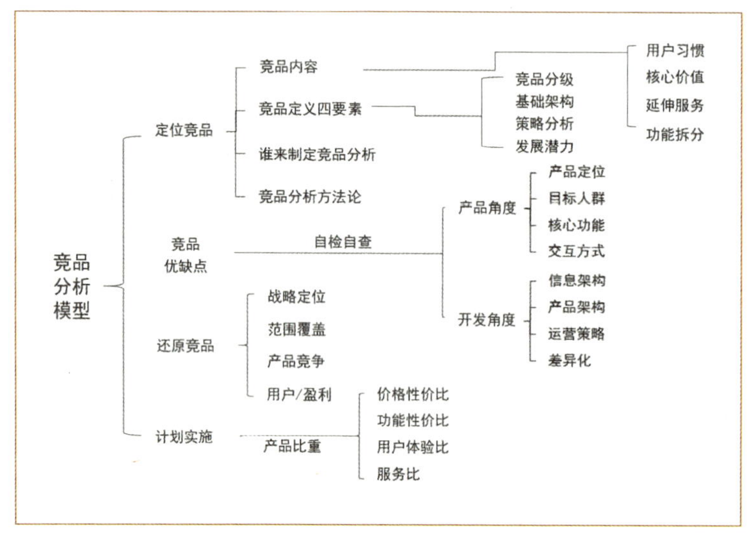

图 2-4　竞品分析模型

下面我们也会主要围绕这一模型图来展开阐述，详细解析抖音主播应该如何精准地做一份竞品分析报告。

2.3.1 定位竞品

第一，精品内容

如果你打算做抖音的竞品分析，第一点应先判断你自己的产品属性是什么，是优化型？功能型？还是突出细节方面的内容？

从图 2-4 可以看出，竞品内容主要分为四大模块，即用户习惯、核心价值、延伸服务、功能拆分。

用户习惯。用户习惯包括的是用户消费和消费体验。其主要战略竞争包括：贴合用户行为、消费、体验、情感价值传播的元素。

核心价值。范围覆盖包括双方产品中的潜在博弈，细节、定位、赋予价值。

延伸服务。延伸服务指的是用户、盈利，包括服务福利、鲜明特点、耐心、引导的价值等。

功能拆分。产品竞争：功能比重、付费、活跃、内容展示、效果优化。

上述几个方面，主要的内容是指用户在使用产品的过程中，受到的影响会很多，如消费体验、情感方面传播等，这些会形成某种关联，从而引发用户在消费态度上的改变，吸引用户。

在这里，有一个特殊情况：如果你在抖音上的产品和竞品在功能上差异不大，我们应该怎么做竞品分析呢？

首先我们要做的就是对产品重新改观，重新认识，详细到每个细节上来，如产品的核心价值观、产品的导向等。在细节方面的内容，例如产品的颜色、体验，仔细分析两款产品是内容差异大，还是功能差异比较大等。

在这个过程中，如果你发现对方的某个小功能有所欠缺，那么这很可能就是对方用户流失的关键。这也就是上面提到的功能拆分，而这些主要也是产品与开发层面，不同竞争公司要拼的点也不同。

第二，竞品定义的四要素

竞品定义的四要素包括：竞品分级、基础架构、策略分析和发展潜力。

竞品分级：竞品存在于不同属性环境，若是只对全局的竞品分析，会显得比较模糊，哪个才是关注的重点，如何做针对性的举措等，都会成为下一步问题。这时候需要做一个优先级分类，一般分为（见图 2-5）：

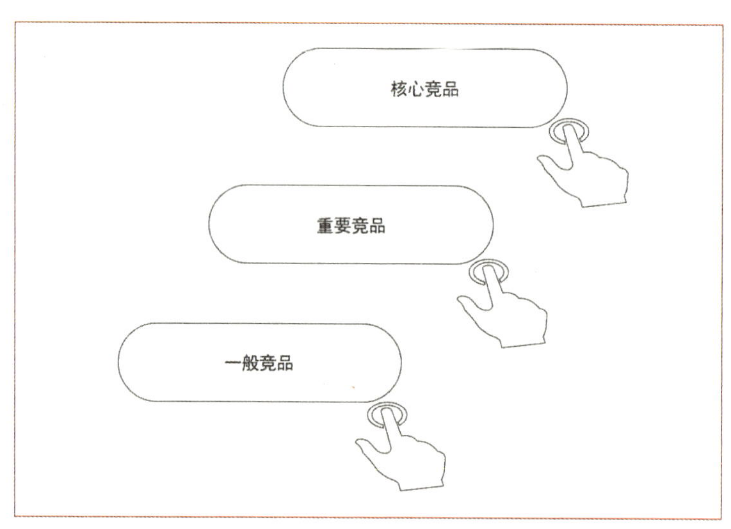

图 2-5　竞品分级

对竞品分级的目的是让我们清晰知道哪个竞品是需要让我们花费大力气去制定方案的。

基础架构：从信息架构出发，直观看到产品界面布局，结构、菜单架构等，进而分析用户体验。然后是全方位了解竞品功能，并结合自身产品的功能分析，进行功能上的优化和补充，最后是交互流程，对比发现自己的服务或功能可达到什么效果。

策略分析：首先，从产品定位出发，包括版本介绍、推送引导和版本的反响。其次，运营策略，主要侧重于产品定位下的运营手段，可以达到哪些目标，用户体验反馈如何，是否需要更进一步制定战略计划，竞品与自家产品哪种更受认可，然后去做个运营方案的策划。最后，盈利模式。首先需知道竞争对手怎么收费。竞品是通过抖音主播的广告收入，还是投资人或者用户来盈利等。反过来，看自己的抖音运营，更倾向于哪一种，对此我们的对应方案又是如何等。

发展潜力：对于发展潜力这个部分，主要包括市场规模和用户规模两部分，另外还可以从竞争对手的角度进行多维度的综合分析。根据这些了解，可以对整个行业有一个把握，例如可以了解你的竞争对手，已经在市场具有了哪样的规模，也能变相说明你的产品在抖音市场方面有哪些优势潜力等。

第三，谁来制定竞品分析

任何一个产品，无论是研发前期、中期还是发布上线以后都会出现很多竞品，甚至雷同，因此我们需要尽快制定策略。

在这个过程中主要分为：研发与运营。

研发：对于抖音主播，可以大量研究用户的行为体验，用户的点击次数，用户的停留时间以及访问次数，再了解用户偏爱于哪类的产品，用户黏性如何等等，从而及时精准地推送给用户内容。这也叫研发运营数据摸底，通过这个摸底，可以完善推送机制，做足内容引导，同时互动引导，让用户参与到活动当中。

运营：我们要通过后端的客服或者细心观察用户的问题来了解用户实际存在的需求。若是存在功能上的疏漏，反馈到研发部，而若是运营上出现问题，想方设法进行改进，必要时进行复盘。

第四，竞品分析方法论

首先资源的建立基于我们对于现有资源的把握，它可以来自主动收集，人脉拓展，或者公司日常的运营，而拥有了这些资源后，我们再进行资源的利用。当我们进行竞品分析的时候，可以通过下图进行分析（见图 2–6）。

对于图中内容我们不再一一赘述，通过图可以很清楚地看到应该如何做和需要注意的点。

2.3.2 竞品优缺点

通过上面的定位竞品和竞品分析的方法，我们可以认识到竞品的方方面面，延伸到竞品的长与短。随后，我们可以从产品的一级、二级、三级及往下的功能制成一张表格，观察哪些部分是自己有的，哪些是暂时不需改进的，对这些内容可以在表格上打勾作为标记。而对那些需大力完善或者完全没有但急需的功能，可以打个叉作为标记。

这样做可以很直观地看出产品功能上的优缺点。

分析完竞品和自家产品的优缺点后，我们需要的是自检自查，从产品和开发的两个角度进行分析和改善。

2.3.3 还原竞品与计划实施

在进行竞品分析的时候，如果有必要可以对竞品进行还原。

竞品分析方法论
拥有资源的人
有权调配资源
对项目有决策权力的人
资源的把握
不了解资源的价值
资源无法调动
资源分化
市场、产品、交互、技术、用户
市场运营研究
营销方式
流量分析
用户成本
营收预估
盈利模式
市场占有率
产品研究
产品动态
研究对象定位
用户角色
平台用户习惯
技术点
用户方向
口碑调查
行为趋势
忽略内容
大V敢做我也敢做
无论如何要跟上趋势
竞争对手有的我也要有
我认为对的就要去做

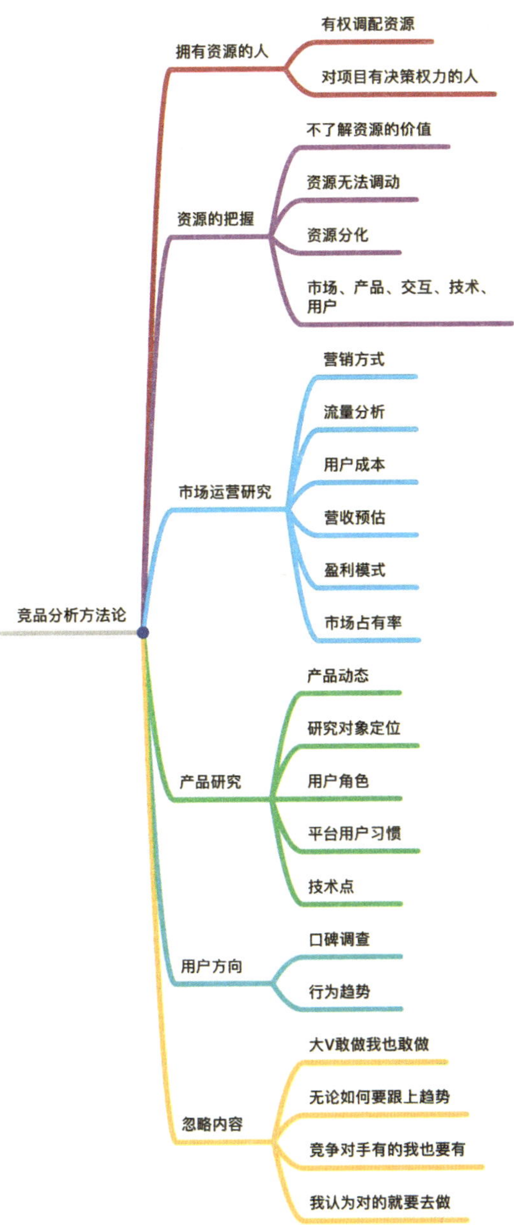

图 2-6　竞品分析方法论

但如果我们在分析竞品比较困难，例如重点、目的很难确定，就没有必要还原竞品了，也没必要带上个人的主观因素而得出些似是而非的结论。这些都可能影响以后公司的决策，所以宁可没有对竞品的结论，也不需要随随便便编造一个模棱两可的结论。

通过分析数据，得到产品比重上的区分，这可以是价格性价比、功能性价比、用户体验比或者服务比，从而精准地做出竞品报告，只有这样才能有目的、有针对性地去执行。

在抖音引流的过程中，上述的竞品分析报告是非常有必要的。我们可以套用竞品分析模板来科学专业地分析竞品，然后根据竞品精准地定位自己，从而让自己进入一个必胜的区域。

2.4 抖音号那么多，你特别在哪儿

打开抖音，数以百万粉丝的大号有很多。如同微博一样，千万粉丝的大咖比比皆是，作为一个从零开始的抖音号，该如何引流呢？其实，这时候你应该注意两个方面的操作：第一，留意那些大号都在做什么？他们为什么会火？第二，你的特别之处在哪里？找到它，并发挥出来。换句话说，就是要从差异化出发做自我定位。只有这样，你才能有机会“C 位出道”。

关注抖音的粉丝都知道抖音有一首非常火的歌曲《学猫叫》，伴随着“我们一起学猫叫，一起喵喵喵喵喵”，各个抖音博主几乎都利用这首歌做背景音乐，发过短视频。

然而，当大家在争先恐后地利用这首歌曲做短视频背景音时，有一位抖音主播别出心裁，自创了一段学猫叫手势舞，迅速火了起来，她就是“叫我小美老师”，她是手势舞主播的佼佼者，更是

凭借这首歌的教学版短视频，俘获了百万粉丝。

初玩抖音时，“叫我小美老师”发现大家都在拍摄一些非常杂乱的视频，然后配上抖音流行火爆的歌曲作为背景音乐，她一开始也这样做。但很快就发现必须要有差异化才能脱颖而出，而且最重要的是要引导更多的粉丝追随自己。于是她选择了以手势舞作为切入点拍摄视频，很快她发现大家都对这种类型的视频内容兴趣很高。

图 2–7 “叫我小美老师”的抖音主页

随后不仅是《学猫叫》这样的歌曲，“叫我小美老师”还根据很多火热的歌曲，在抖音上率先推出自创的手势舞，截至 2018 年 7 月，“叫我小美老师”的抖音粉丝高达 151 万，点赞数累计 400 多万（见图 2–7）。

在形成自己个人独特的手势舞风格后，“叫我小美老师”开始不断收到来自抖音粉丝的私信，其中大部分都是向她询问手势舞的教程。

于是为了满足粉丝的需求，她开始尝试创作教学类的视频，并穿插着其他类型的视频上传到主页上，没想到这些视频发布后，点赞数和播放量比平常多了几十倍。

为了了解粉丝想要学习什么类型的舞蹈，“叫我小美老师”还建立过一个粉丝群，方便更好的与大家进行交流，平日里也会尽量回复粉丝的评论，对粉丝的疑问进行解答。

从这个案例中可以看出，在抖音中想要红，引流百万以上，必须要具备差异化，了解自己与其他号的区别和优势，只有这样才能脱颖而出。

2.4.1 分析抖音大号的特点，从中找到差异化切入点

在上一节内容中，我们介绍了如何做竞品分析，然后根据竞品进行自我定位。事实上这是很有必要的，在差异化定位中，我们依然可以运用这一点。但是我们要注意其侧重点的不同，我们更需要了解和分析那些持续火爆的抖音大号，他们到底为什么能火？找到他们的特点和优势，然后从中找到一些缺口，这些缺口就是你的差异化切入点。

当然了，这些缺口必须符合以下几个条件（见图 2-8）：

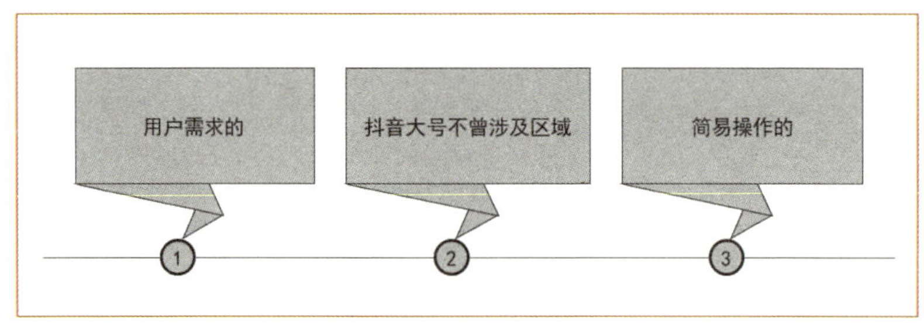

图 2-8　差异化切入点的条件

在这里，欧派家居就做得很好。在抖音中有很多家居品牌做引流，而那些做得好的家居抖音号，大多是因为有明星代言人作为招牌。但是欧派家居在分析了火热的家居号之后，从中发现一

个缺口，那就是很少有家居号运用“科技感”的特效技能做引流。于是欧派推出了一条抖音短视频，其主题是“画了一套功能齐全的主人房，这样的设计了解一下？”

在这个抖音短视频中，一位女士站在空荡荡的房子里非常寂寥，突然这位女士站起来，眼前仿佛出现魔法一样，原本空荡荡的房间里突然出现了舒坦的睡床、极具质感的组合衣橱，衣橱里还有各种时尚流行的鞋履和服饰，优质的木地板上出现了一张柔软的地毯……没错，这个抖音短视频给所有人带去了一个魔法般的家居布置。这种独特的呈现方式，让欧派在短时间内吸引了3万点赞。

2.4.2 根据品牌文化做特别的抖音

很多企业做抖音时，因为有针对性的引流作用，所以会非常想要表现出特别的一面，以此来吸引粉丝。于是，有些企业的抖音号就很愿意跟风，今天走这个风格，明天再拍另一个风格的视频。但实际上这样的方式没有太大用处。

因为，粉丝根本就无法在你这里形成一种黏性和凝聚力，今天你的视频好一点，粉丝看完很开心，然后点个赞就走掉了。这样的引流不算是最终的引流。所以，在抖音发短视频时，想要用差异化吸引粉丝，必须要根据品牌文化做长远的推送计划。

举个例子就可以很清楚地知道该怎么做。

“快看漫画”是一个非常受年轻人喜欢的APP，APP中提供很多有趣、年轻化、二次元的漫画产品。“快看漫画”也在抖音了注册了官方账号。

为了吸引粉丝，让粉丝在这个号中形成黏性，“快看漫画”

图 2-9 “快看漫画”的抖音主页

抖音号根据自己的品牌文化，做了一个非常特别的定位，那就是做典型的人格化账号。“快看漫画”的每条抖音，都是以两个漫画人物作为主角，用故事性打开了人们的关注，俘获了近两百万粉丝（见图 2-9）。

将漫画故事制作成短视频发布的方式，与该 APP 品牌自身契合度也很高，而且重要的是这样做真正吸引了很多粉丝的持久关注。“快看漫画”的每条抖音都有几万点赞和评论，这种特别的方式值得每个抖音主播借鉴。

2.5 定位要满足用户需求

无论你是做什么类型的营销或者引流，都离不开用户。换句话说：“得用户者，得天下。”抖音引流也是一样，在定位时，必须要顾及用户的感受和需求。在这方面，我们看一下阿迪达斯的做法。

阿迪达斯作为一个时尚运动品牌，在抖音中引流依然做得很“时尚”。它根据品牌调性、消费者需求和平台机制，精心制作了一些符合用户需求的相应内容，并用抖音平台时间流投放。

打开 adiasneo 抖音号，除了能看到很多明星参与拍摄的抖音视频之外，还会从中学习到时尚穿搭的生活方式。adiasneo 以时尚穿搭为主题，精心制作了每一期内容，吸引了众多用户围观。

我们以 adiasneo 发布的一条带有话题性挑战的短视频 # 时尚训练营 # 为例。这是一条阿迪达斯代言人迪丽热巴参与拍摄的短视频，同时，这也是一个时尚教学视频，教会大家如何做一个“cool girl”。迪丽热巴在抖音中带大家搭配出“cool girl”的形象：第一步，随性帽衫，压低帽檐；第二步，丝巾，中和嚣张，突出不露痕迹的甜美；第三步，藕粉色 Sneaker 鞋，打造完美的酷光环。

这个抖音获得 33 万点赞，并且有大量评论寻求视频中迪丽热巴的同款帽衫和鞋子。而且这种方式也的确迎合了用户时尚搭配的需求，给粉丝带去了非常有价值的参考。

总之，用户需求的，就是你的定位所在。所以做抖音引流，一定要站在用户角度，不能不顾粉丝需求，而自娱自乐。

2.5.1 满足用户实际需求，解决粉丝难题

很多抖音为什么能够火？就是因为这些抖音满足了用户的需求，解决了用户的难题。当然，这需要抖音主播贴近粉丝生活，发现粉丝的实际难题，然后在抖音中加入解决方案，给抖音粉丝带去福音。这样的定位，一定可以为你引流无数。

北京途家民宿公司在抖音中开通了一个主页，为粉丝持续推送各种有用的视频。

例如途家民宿上传了这样一个短视频“如何把女朋友拍得更美”。这是一条教会男朋友如何给女朋友拍照的抖音视频。

在视频中，女生站在镜头前，男生先是蹲在地上拿着手机给女生拍照。这是很多男生一贯的做法，以为蹲下来就会给女朋友拍出大长腿。实际上这是不对的，通过抖音视频，我们看到这个

男生蹲下来为女生拍出来的照片并不理想。因为角度倾斜，导致比例失控。短视频中最终教会大家正确快速的拍照方式，那就是男生站起来，将手机放在胸前，然后根据和女生的距离调节角度，这样拍摄出来的照片才能呈现出大长腿。这条抖音短视频获得了16.8万点赞。

这个抖音视频看上去与途家民宿没有关系，重点突出的是教会大家如何在生活中拍照，真切地迎合了用户的实际需求。但事实上，视频中男生和女生所在的房间就是途家民宿酒店。从视频中可以看出，这个民宿环境非常漂亮，布置也非常文艺温馨，符合广大年轻人的选择。

当用户对你的抖音有了好感之后，你的民宿文化和产品也自然而然映入用户的意识之中，这也让途家民宿获得了大量潜在客户。

针对年轻女性需求定位做抖音

抖音之所以会火热，与它的粉丝群体是离不开的，实际上这类的短视频平台网站，其粉丝最多的为女性。换句话说，我们在做抖音引流时，要特别针对年轻女性群体的需求来定位，只有“征服”了广大女性用户群，才能更好地引流。

无论是上述阿迪达斯还是途家民宿，他们都是这样做的，都是以抓住年轻女性用户的需求来定位。再比如很多美食、带娃、美妆等抖音号也都是针对的年轻女性用户群。

2.5.2 分析互联网用户需求

当今的互联网创业公司都是用户型的公司，必须真正尊重用户，真正掌握用户需求，才能利用新技术优势获得用户认可，实现提升或颠覆传统技术和产品。做引流运营业是如此，互联网时代“用户需求驱动”应该成为每个人的基因。

下面是对互联网用户的需求总结（见图 2-10）：

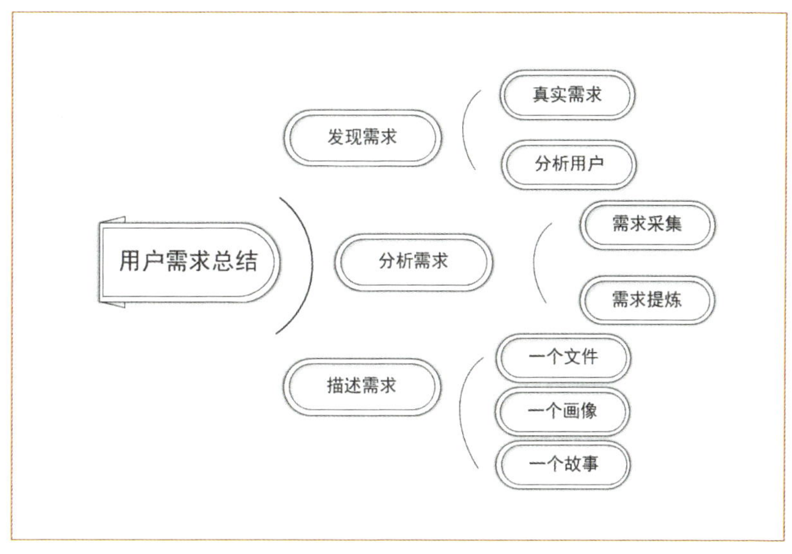

图 2-10　用户分析总结

发现需求

用户的需求从哪里来呢？

（1）场景分析。用户群有很多分类方法，比如年龄维度、地域维度、行为维度等属性。我们建议抖音主播可以用一张表格来表示，纵向坐标轴是用户的角色：如白领、学生、老人等，横向坐标是时间轴：一天 24 个小时（见图 2-11）。

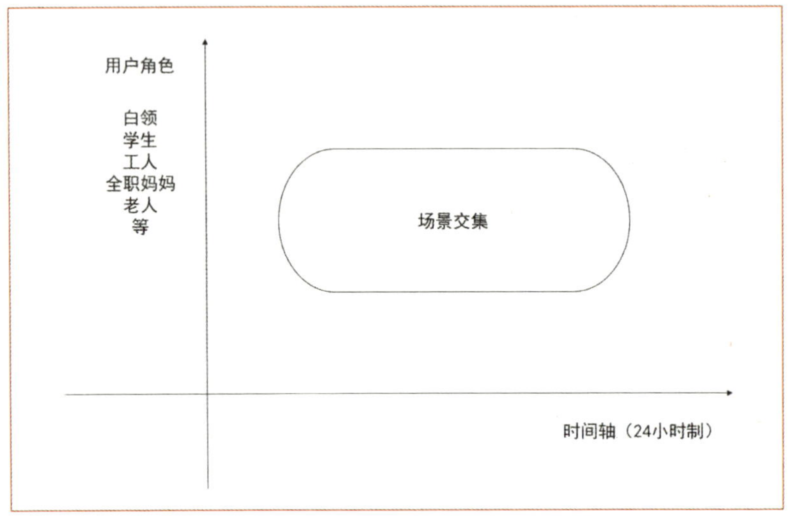

图 2-11　场景分析坐标示意图

在 24 个小时里，这些角色在每个小时会发生什么事情，我们称之为场景。通过坐标系寻找中间的交叉点，再进行人的行为的划分。例如在抖音上有很多在晚上黄金时间段进行推荐书、读书的短视频，因为抖音主播就是发现晚上黄金时间点有很多人会有读书的习惯，从而针对这个需求推出了一系列的抖音视频。

(2) 数据分析。我们以电商为例，通过数据发现需求很典型的用户需求，这需要一层一层转化，从中找到用户触达，到达首页，到商品详情页，到付款的详细数据。

通过以上各种思维方法开展头脑风暴，聚合信息就会精准发现用户需求。

分析需求

当我们发现用户需求之后，接下来就是分析需求。在这个过程中需要对用户的需求进行分类，把“需求”和“用户”进行聚焦，甄别出“真实需求”和“粉丝用户”。“真实需求”是要确定用户真正的需求是什么，而“粉丝用户”则是要找到对需求最敏感的用户。

在这里，有一个专业的 KANO 需求模型，将需求可以分为 5 种（见图 2–12）：

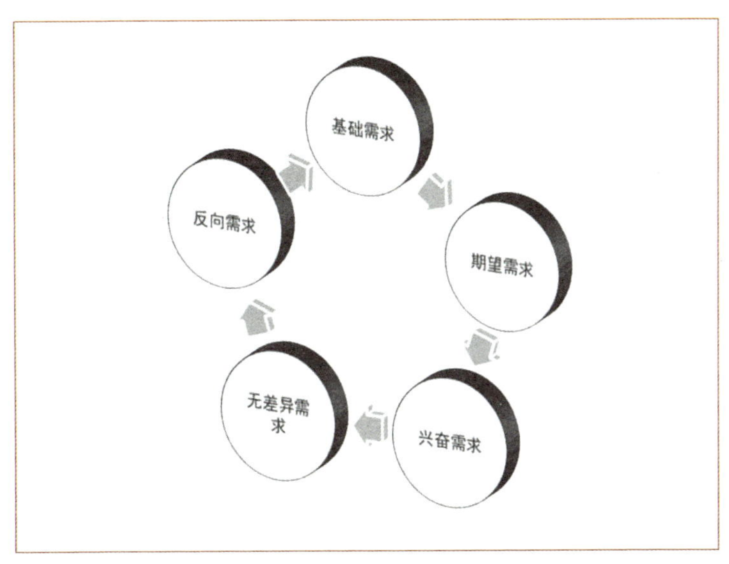

图 2–12 KANO 需求模型

第一种，基础需求，属于人们生活的基本需求。

第二种，期望需求，用户会觉得这个需求很好，例如手机可以玩游戏，但是如果没有这个服务，他会非常失望，这种功能对传播的影响并不是很大。

第三种，兴奋需求，这点特别重要，要让用户觉得你的这个特点或者功能太神奇了。这种功能极易产生正向的口碑。

第四种，无差异需求，主要是指用户的满意度和需求实现及优化程度不相关，即无论你提供或不提供此需求，用户满意度都不会有改变，用户根本不在意。

第五种，反向需求，这是用户最不想要的，你做了可能挣钱，但用户会骂你。

描述需求

完成需求的分析之后，我们要描述需求，对需求进行采集，然后验证这些需求是不是真实存在的，从而量化用户需求的目的、行为和原因等内容。

首先通过主观方式，通过观察、交流的形式，对用户需求进行总结和描述；其次，通过数据的方式客观进行需求判断。

最终，通过用户画像等方式，筛选过滤确认用户真正需求的是什么，然后进行排序分级，这样，我们在下一步的营销、引流中的思路和计划才会慢慢呈现出来。

2.6 以市场稀缺方向为切入点更容易红

做抖音引流，最重要的是要“红”，不红，就没有点击率，没有点赞，没有评论，没人关注。所以为了“红”，抖音主播可以在定位上往稀缺方面多考虑。事实证明，以市场稀缺方向为切入点更容易让你的抖音红起来。

说起手机品牌的营销引流，VIVO 算是众多品牌中的一股清流了。它是怎么做的呢？

很多手机品牌在抖音上做引流往往只是会用视频的形式呈现出手机的各种优势功能和特点，例如拍照如何清晰，界面如何流畅，价格如何优惠等。但是 VIVO 却别出心裁，从其他品牌不曾想到的稀缺方向为切入点出发，给用户呈现出不一样的抖音。

2018 年 7 月中旬，VIVO 为了推广新款手机 VIVO X21（魅夜紫版），特别在抖音中发动了一个挑战“变出花 Young，紫成一派”。

这个活动的介绍页面是这样的：“年轻就爱，‘紫’成一派，跟上节拍和周冬雨一起加入 VIVO X21 魅夜紫变装挑战吧。还可赢取 VIVO X21 魅夜紫手机！”

其参与方式是抖音主播使用《魅夜紫》这首歌曲与定制贴纸参与挑战，结合任意紫色元素，释放最独一无二的你。VIVO 为这次的活动提供了大量的福利：在 2018 年 7 月 19 日至 21 日期间，每天会随机抽取 3 名参与挑战赛的用户送出 VIVO X21 魅夜紫手机一台；点赞数 Top21 用户送出 XE800 耳机一副；根据点赞数与关联度选取 100 名用户赠送 VIVO 充电宝一个。

我们以一个 VIVO 自己参与制作的抖音为例，看一下 VIVO 是怎么做的？

在这个视频中，开始是一个很普通的年轻女生，戴着眼镜，仿佛在认真阅读。但是当她拿出一款紫色的 VIVO X21 手机时，忽然一阵紫色的光亮，她变成了一个穿着时髦、妆容靓丽的街舞女孩，伴随着摇摆的音乐，这个紫色女孩不但年轻时尚，而且非

图 2-13 VIVO“变出花Young，紫成一派”挑战赛

常有范儿，与刚才镜头前那个普通朴素的女孩截然不同。这条抖音在短时间内获得了 31 万点赞（见图 2-13）。

这就是 VIVO X21 魅夜紫的魅力，它的特效和其酷炫的特色是 VIVO 的一大亮点，同时利用这种发起挑战的形式，让更多年轻人秀出了自己酷炫年轻的一面。VIVO 的这种做法正符合了年轻人的口味，获得了大量点赞和转发。同时，VIVO 在抖音的产品购买链接也备受欢迎，在短时间内销量大增。

VIVO 的这次引流可以说非常成功，在短短的几天之内就有超过 5 万人参加，纷纷秀出这款手机的魅夜紫特效功能和酷炫卖点，引发了这款手机的爆红。

从 VIVO 的做法中，我们可以看出，想要在众多抖音中脱颖而出，需要在定位时，锁定稀缺市场，VIVO 用特效技能，拉动更多年轻人参赛的独特方式，打开了引流的入口，那些还在抖音视频中单纯推送手机特点，或者用价格战来发抖音引流的品牌商们的确应该好好向 VIVO 学习。

那么，如何才能找到市场的稀缺方向呢？

2.6.1 先将自己定位于一个恒定市场中

我们做抖音时，应该先把自己定位在一个恒定的市场中。抢占恒定市场的份额比抢占高速流变市场的份额来得更加有效。

恒定市场，在这里的意思是指持续恒定的一个市场模型，也就是这个市场的变化不是很大，不会出现突然的高效增长。

当你思考自己的市场，观察自己的竞争对手的时候，一定要把你的目光定位在一个恒定的市场上。在一个高速变动的市场里就算你是 NO.1，只是听起来很好，实际上存在很大风险。因为如果市场本身突然加速了，或者玩法变了，那么整个行业的商业策略、竞争模式也会发生根本的变化。

相反，把自己定位在恒定市场就更加有效。例如民宿酒店品牌 Airbnb，在抖音上引流时，主打的定位是解决“不在家时要有地方住”，这是一种刚性需求，而这就是一个恒定市场。

很多抖音主播总是会把自己定位在一个高成长率高变动的市场里，如此一来，市场潜在的竞争者空间也是非常大的，而且依照单一抖音号的发展，完全没有办法掌控这个市场。例如，在抖音上今天流行《学猫叫》，明天流行《广东爱情故事》，你想要在这样高速的市场中抢占稀缺资源很难实现。

所以，一开始，先在恒定市场中做到引流，这也是为后来的抢占稀缺资源打下基础。只有这样，你才可以从恒定市场中跳出来。

2.6.2 抢占行业里的稀缺资源

很多人通常都会犯的一个错误就是把市场规模当成是战略目标，觉得价格战的最终目的就是要获取市场份额。

实际上，追求市场份额永远是一个战术性的目标。你一定要知道自己使用各种策略抢占市场份额的最终目标是什么，应该是获取市场里的稀缺资源。举个很简单的例子，比如旅游行业的稀缺资源就是航空公司的座位资源以及酒店的房间资源。

梳理一下以上两点结论：

第一，抖音主播（品牌商）先要把自己的定位放在一个恒定市场。在这个恒定市场中追求市场份额，否则不管你的抖音排名第几，意义都不是很大。

第二，从恒定市场中夺取稀缺资源，然后以此来定位。

这种思考方式本质上就是“终极思维”。换句话说，你能够看到市场未来的样子，你就能够倒推回来看看现在的自己应该做些什么。

对抖音主播来说，具体的做法是：首先，先了解你本身所处的行业，预测最终它会发展成什么样子。其次，将自己的定位在一个相对恒定的市场中，并且从这个恒定市场中出发去寻找在这个行业里还未规模化的稀缺资源。最后，规划路径想办法实践市场的规模化来获取行业内的稀缺资源。

如一个做美妆的抖音主播，一开始要先了解自己的行业，并且在潜意识里明确依靠抖音做美妆最终得到的是什么？（目标：如销量、知名度等）然后把自己放在一个美妆抖音的市场中，观察大家都是怎么做美妆抖音的，自己在一开始也要这样做，积累粉丝，获得流量，不要太快跳跃。最后，主播在恒定市场中做视频时，注意观察和分析，时机到了之后规划好策略进行获取恒定市场内的稀缺资源，了解应该如何找到突破口重新定位自己，然后加上之前的积累，很容易一炮而红。例如可以推出以男生的角度来做美妆的方式，这样的稀缺点很可能会在抖音中形成很大影响。

如此一来，你的抖音发展才能够有足够宽广足够深的护城河，也不会给竞争对手留下太多发展空间。

3 CHAPTER

内容：只有优质输出，才有高度关注

“内容为王”是一句老话，在很多人看来如同沧桑记忆，用推广取代内容，内容早已不吃香了。可现实是，但凡抱着这种想法的人最后都失败了。运营抖音号如果也认为“内容为王”已经过时，结果必然是加入失败者的阵营。

3.1 先成为内容之王，才能成为抖音之王

随着抖音市场不断成熟，竞争已经重新回归到最本质的内容竞争上来。内容缺乏竞争力，粉丝很快就能够辨识出来，不管你在抖音上拥有多少粉丝、有多红，只要内容缺乏竞争力，粉丝马上就会将你抛弃，连声再见都不会和你说。营销能力再强，没有内容，很快就会成为“过气网红”。

抖音里有很多唱歌好听，跳舞也很厉害的大神，也有许多神秘人物，比如这位一直没有露过脸的“黑脸 V”，他一直保持着神秘的状态，网上也很少有他的资料。在主打人物出境、颜值为上的抖音里，“黑脸 V”的成功让人不得不感到疑惑。其实，他的成功并没有什么可疑惑的地方，因为他的内容够出色。他的账号定位属于技术类，而且还有不少巧思和创意，这也就是为什么即使他不露脸粉丝还是会喜欢的原因。

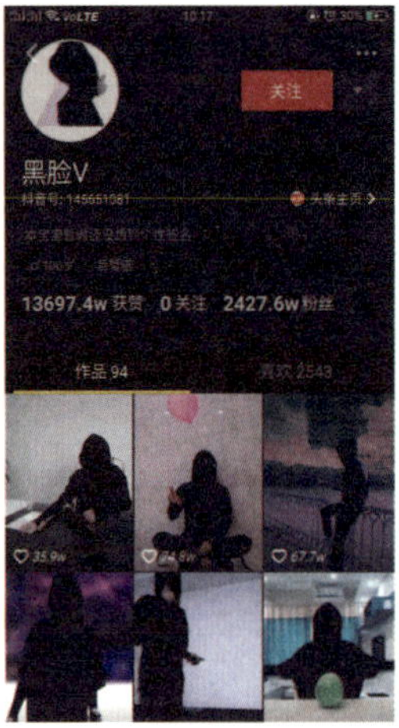

他的每一个视频都是不同的背景、不同的创意呈现方式，有在野外的，也有在室内的；有把西瓜一踢变成足球的，也有把一只千纸鹤变成一群真实的鸟儿的。由此可以看出，在抖音上，露不露脸不是最重要，高颜值也不是最重要，重要的是你的视频要有内容（3-1）。

图 3–1　“黑脸 V”的抖音首页

3.1.1 内容为王的定义

内容为王的道理大家都懂，但是真正理解内容为王的却没有几个，那么到底什么才是真正的内容为王呢？主要包括以下三个方面：

第一，内容的原创性。在抖音这个平台上，抖音主播的只有原创才能生存。

第二，内容的专业性。立足于某一专业领域，专心服务于目标粉丝，才能在抖音上有立足之地，没有优质专业内容的抖音账号，迟早会被抖音平台和粉丝抛弃。

抖音昵称为“M 哥”的主播，是 2018 年上半年人气榜前十之一。她是一个非常可爱的高颜值的女孩子，因为翻唱了一首《我的将军》而火遍抖音圈。但是这首翻唱歌曲只是她走红的开始，之后推出的一系列翻唱歌曲以及原创曲目，才是她持续走红，粉丝关注量不断上升的根本原因。

第三，内容的数量。如果想要长远发展，只靠一两个爆款视频是不够的，爆款视频只能用来打开知名度，而不能保持抖音主播的长久知名度。所以，一定要保持内容更新的持续性，累积内容数量。

3.1.2 做好定位内容是首要

这里的定位内容是指要与抖音账号定位相匹配的内容，在运营抖音号前期，摆正账号的功能定位是首要的工作，之后，就需要通过内容来强化定位。可是，一些抖音主播并不能一如既往地做好与定位相符的内容，发布的一些视频内容常常与账号定位八竿子的关系都打不着。那么面对这种情况，又要如何解决呢？

知己知彼

知己是指分析自己抖音账号的视频，重新审视抖音账号的定位：哪些是符合自身定位的？哪些是偏离的？为何选题会出现偏离的情况。

知彼是指分析同类抖音账号的视频，除了大号，小号也需要做分析。分析大号可以知道他们在发布视频和功能定位之间是怎么处理的，分析小号能找出在它在处理两者时不合理的地方。

分析视频内容的性质

抖音视频的内容讲究两个性质：

一是可看性，是指视频内容吸引人的程度，内容具有观看价值。要做到这一点就要求主播能真正切合粉丝心理，明白粉丝想要什么。只有了解粉丝需求，视频内容才能引发他们的共鸣，得到他们的关注。因此抖音主播要清楚自己的粉丝画像。此外，就是视频内容有趣有用，只有有趣的内容粉丝才会关注，只有有用的内容粉丝才会想看。

二是调性，是指格调，抖音号一定要有自己的风格，让粉丝能够在抖音大海中一眼就看你，且马上就想起你是做什么的。比如想到又帅又会唱歌的就马上想到了“摩登兄弟”，想到生活技能就想到了“趣味生活杂技”。

3.1.3 蹭热点要找好角度

追热点，抢时效是许多抖音账号的日常，比如《嘴巴嘟嘟》这首歌火了之后，第一时间跟进的视频大多取得了较好的传播效果，而第二天、第三天再跟进的视频，其效果就差了许多。所以，第一时间跟好热点能够迅速提高点击率，但是想要提高视频的转发量或者提高抖音主播的关注度就需要找准热点。

比如“嘴巴嘟嘟”的视频在抖音很火（见图 3–2），但是最火是“琪琪麻麻”和“双儿”这两个抖音账号发布的视频。前者是把小孩的嘴巴画成一只驴，后者是和一名黑人唱“嘴巴嘟嘟”。对于同一个热点，两个版本从不同的角度进行了切入，且都取得了很好的引流效果。所以当注意到热点时，一定要留意其他抖音主播对这个热点的切入角度，从而培养自己对热点及以及其视角的敏感。

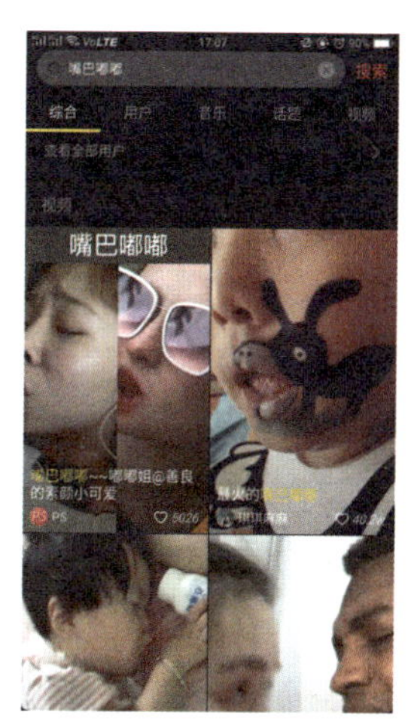

图 3–2　“嘴巴嘟嘟”的视频

3.1.4 制作内容需注意的三点

抖音主播在制作内容时需要注意以下三点（见图 3–3）：

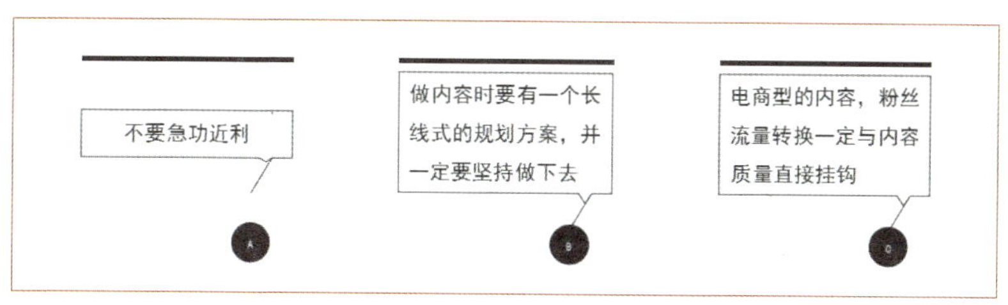

图 3–3　内容制作时需注意的三点

3.2 你的内容要满足粉丝和平台需求

满足粉丝需求是抖音主播的立命之本，但很多时候，这个观点被还未参透的人给妖魔化了，不少人自始至终都不知道粉丝真正想要的是什么，比如粉丝想要好的内容，他们就恨不得各种恶搞，而根本想不到好玩并不等于恶搞。这种没有创新，只是一味地迎合粉丝，想方设法让粉丝满意的行为，根本就不是真正的”满足粉丝需求。

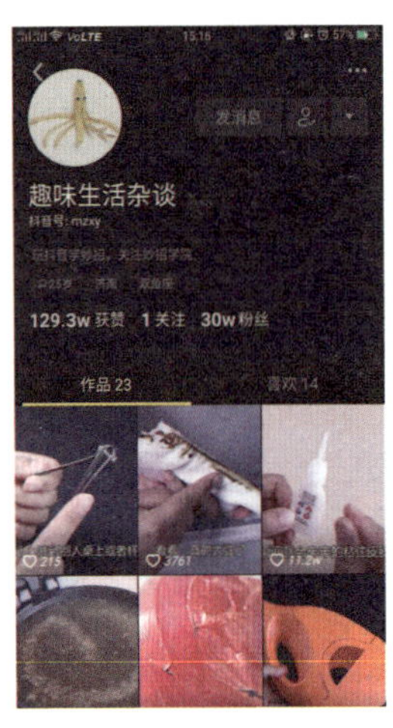

图 3–4　趣味生活杂谈的抖音主页

比如趣味生活杂谈，它打造的视频内容就是能够满足粉丝需求的。它的粉丝群是家庭主妇，那么家庭主妇的需求是什么？除了做饭、带孩子之外，就是如何更快速有效地做家务。而趣味生活杂谈打造的视频内容就是解决各种做家务时遇到难题的技巧（见图 3–4）。

3.2.1 找到不能满足粉丝需求的原因

抖音主播打造的视频内容不能满足粉丝需求，一般都是因为以下原因：

第一，人力、财力、时间跟不上粉丝的需求，自身能力发展受限；

第二，不知道自己的核心粉丝是谁，同时核心粉丝也不知道视频内容能给自己带来什么样的价值，从而流失；

第三，想满足全部类型粉丝的需求，但是不同类型粉丝之间矛盾的地方很多，导致自己盲目，视频内容太过繁杂，无法形成自己的风格。

“厨房生死恋的美食”，它的视频内容就非常好（见图 3–5）。它的视频内容都是一些日常食物的制作，不管是在人力、财力、时间上都能达到，不会因为自身能力的原因而导致视频内容更新的终端。其次找到了自己的核心粉丝。厨房生死恋的的美食的针对的粉丝群很明确，就是热爱美食且喜欢动手制作美食的人，因此视频都是告诉粉丝美食是怎么一步一步做出来的；最后，并不想满足所有类型的粉丝，这一点从其只做美食制作的内容就能看出来。

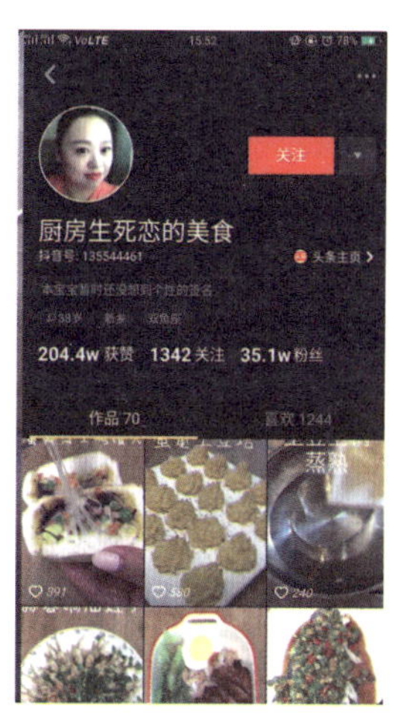

图 3–5　抖音主播“厨房生死恋的美食”的主页

3.2.2 找到粉丝需求中存在的问题

满足粉丝需求这个口号的大前提是：抖音主播真的了解粉丝的真实需求吗？或者说，粉丝给的反馈真的就是就是他们想要的吗？显而易见，答案是否定的。因为粉丝需求也会存在问题，主要包括几个方面（见图3-6）。

图3-6　粉丝需求存在的四大问题

3.2.3 能满足粉丝真正需求的逻辑框架

在排除了伪需求之后，抖音主播要进行的工作就是如何满足粉丝真正的需求。要知道，粉丝看一个视频，从表面上看是视频提供了什么样的内容，但事实上他们真正在乎的是视频提供的内容能满足自己什么需求。因此就可以得出这样一个结论："视频内容是否能够获得粉丝的认可，根本上是由视频的内容所满足的粉丝需求决定的，而不是由内容本身。"所以，在打造内容时，需要遵循以下的逻辑框架：

第一，确定哪些需求是要被满足的。既然粉丝的表现需求如此不靠谱，那么抖音主播就要自己去找出真正的需求。而一个粉丝需求是否要被满足，需要考虑以下几点：

（1）是否是大多数粉丝的需求？需求是否高频？紧急？刚性？

（2）这个需求是否在抖音主播的核心价值路径上？

（3）其他同类型抖音主播对这个需求的反馈如何？是不是大家都在做，都不做的顾虑是什么？

（4）为了满足这合格需求，投入产出比是什么？给的回报是否能平衡或大于主播去满足这项需求所付出的成本。

（5）抖音主播是否有能力去完成这个需求？

第二，打造核心点满足大部分粉丝需求。每个人的需求都是不同的，每个需求的群体规模也是不同的，抖音主播如果要获得较大的关注度，就要先确定自己的内容核心点所针对对象的群体规模的大小，要把核心点定位到最大规模上。

第三，不断创新跟上粉丝的需求变化。粉丝的需求是不一成不变的，很可能今天有这个需求，明天又没有了，或者又产生新的需求了。因此，主播在打造内容时要跟上粉丝需求的变化，不断创造新的内容去满足粉丝。

3.3 从爆款与点赞数看受欢迎类型

在抖音的算法机制中，最核心的指标就是点赞数，它不仅是在前台重点透出的一个核心数据，同时也决定了内容的曝光量。所以点赞数是评判视频内容是否受欢迎的重要标准。根据抖音出现爆款的数量，以及单支的点赞数，总结出了粉丝爱看的六类内容。抖音主播可以将这六个类型作为自己打造视频内容时的参考对象。

3.3.1 颜值类

颜值一直是抖音里视频内容被点赞的关键点，这是因为在 15 秒时长内，粉丝更多时候只能看到一个人的颜值。人天生就是爱美的动物，因此，颜值高的抖音主播更容易在第一秒就获取粉丝的好感。当然，只凭外表的颜值力只是一时的，能保持长久的颜值力，还需要结合自己的打扮和动作，透过镜头带出来的给人生命的感觉。否则，长得再美也是一尊芭比娃娃，粉丝看一看就会觉得无趣。

从数据上来看，颜值力型的内容，粉丝通常都愿意第一时间点赞，反复观看的意愿也更高，评论互动的动力也更加强。这也是为什么有些抖音主播只是做了一个动作、唱了一首歌，或是跳了一支舞就能获得上百万的点赞。

比如抖音昵称为“莉哥o3o”的主播，她就是属于颜值非常高的类型。她的外表决定了她的视频内容能让粉丝第一时间关注她，而她的表现力则是让粉丝持续关注她且粉丝量不断增多的原因。莉哥的走红是因为在抖音上发的一个叫“让我做你的眼睛说那样你才能看得清”（唱腔另类）歌曲才被大家所熟知的（见图 3–7）。

图 3–7 “莉哥o3o”的抖音主页

3.3.2 搞笑类

搞笑类的内容，基本能覆盖全部的关注粉丝，也适合具备搞笑天赋的抖音主播。搞笑类的内容包括讲笑话、冒傻气、搞笑情节剧、失误画面、恶搞等。抖音最主要的使用情景是粉丝在碎片化时间里的消遣，因此搞笑类的视频内容是粉丝最主要的观看点之一。当粉丝感到了娱乐，点赞就是自然而然的行为。搞笑类的主播不管在哪个平台都会收获一大批粉丝，但因为如此，内容趣味性就更加重要，比起其他类型，搞笑类视频的内容要求更高。此外，如果是商家或企业做搞笑类视频，如何让产品特点和搞笑剧情有效结合，也是需要特别注意的一个问题。

抖音昵称为抖笑全场的主播就是属于搞笑类的抖音主播（见图 3-8)，这一点从他的昵称就可以看出。该主播会定时在抖音上发布一些搞笑段子，但是这些段子并不是那种很常见且庸俗的，而是有点类似于“毒鸡汤”的那种。

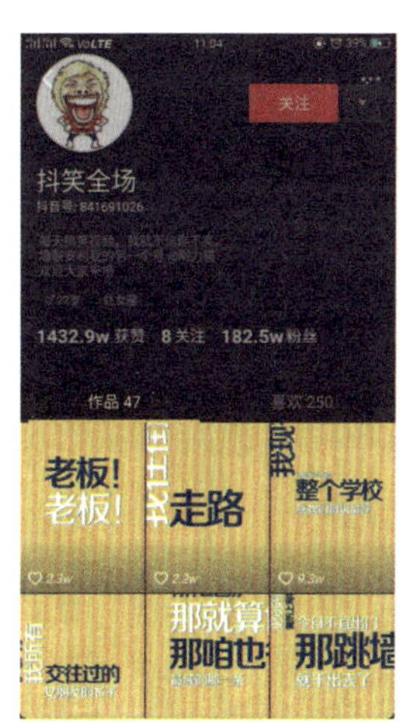

图 3-8　抖笑全场的抖音主页

比如关于一个“请假一天”的视频，具体内容：

员工：“老板我想请一天假！”

老板：“你想请一天假”？

员工：“嗯！”

老板：“你还向公司要求什么？一年 365 天，52 个星期，你已经每个星期休息两天，共 104 天，还剩下 261 天工作；你每天有 16 个小时不工作，去掉 174 天，还剩下 87 天；每天你至少花 30 分钟上网，加起来每年 23 天，剩下 64 天；每天午饭时间你花掉 1 小时，又用掉 46 天，还有 18 天；通常每年你请 2 天病假，还剩 16 天；每天有 5 个节假日公司休息不上班，你只干 11 天；每年公司还慷慨地给你 10 天假期，算下来你就工作 1 天，而你居然还要请这 1 天假？”

员工：“老板，我错了！”

3.3.3 治愈类

与颜值对粉丝的吸引力相同，萌值吸引力也是靠外表获取点赞的一个大类型。不管是萌宝还是萌宠，都具备治愈力，而这个治愈力非常容易让人点赞及反复观看。治愈力可以对以下两种粉丝带来效果：第一，对于有宝宝和宠物的粉丝，可以为其建立一种强价值认同；第二；对于没有宝宝和宠物的粉丝，给他们提供了云养猫和云养娃的机会，也就是看到视频里的宠物成长，好像自己也养了一只宠物。

图 3-9 微微小象抖音主页

抖音昵称为“微微小象”的新手主播，目前她的粉丝量 9.7 万，这些粉丝全都是依靠她的“治愈力”内容吸引而来的。她把自己养的吉娃娃当作主角，把它的日常生活作为素材。这种可爱软萌的动物形式肯定能戳中不少人的心（见图 3–9）。

3.3.4 技术类

作为抖音一开始就主打的拍摄手法，技术类的视频在抖音上一直都非常火。抖音主播可以通过灯光、镜头的设计，再配上节奏动感的音乐，营造出养眼且酷炫的画面。此外，还有一种技术类型的抖音视频非常受欢迎，就是各种技能的教学。不管是美食类的、生活技巧类的、职场工作类的都非常受粉丝的欢迎。虽然这类视频内容的粉丝规模有限，但更加精准，可以带来更多转化。

拥有 551 万粉丝的“单车黄师傅”就是属于技术流类型的抖音主播，他的视频内容都是各种高难度的单车动作，有单轮骑行、沙地甩尾、楼梯骑行，以及在单车上各种高难度动作的骑行，再配上各种酷炫的音乐和特效，让他的视频内容显得格外地吸引人（见图 3–10）。

图 3–10 抖音主播“单车黄师傅”的主页

3.3.5 鸡汤类

这类内容，是在抖音后期才开始流行起来，是上升速度和吸粉效率特别高的一类。鸡汤类其实就是用犀利文案加上表述能力，打造价值认同感，从而让粉丝感到说到我心里了。

在颜值当道的抖音里，价值观向的内容的潜力也是不容小觑的。因为就像那些刷爆朋友圈的鸡汤文一样，它们的共同点就是能激起共鸣，有共鸣就能够获得支持，此外价值观认同带来的关注是追随式的，粉丝的黏性更强。

抖音主播鸡汤蒋，从其名字就可以看出是其内容也是鸡汤类型的。截至 2018 年 7 月 25 日，他的粉丝已经达到 137.4 万。之所以能吸引这么多的粉丝就是因为他的内容既鸡汤又幽默有趣。比如“扎两个小辫”系列的视频，就是属于这种类型（见图 3–11）。

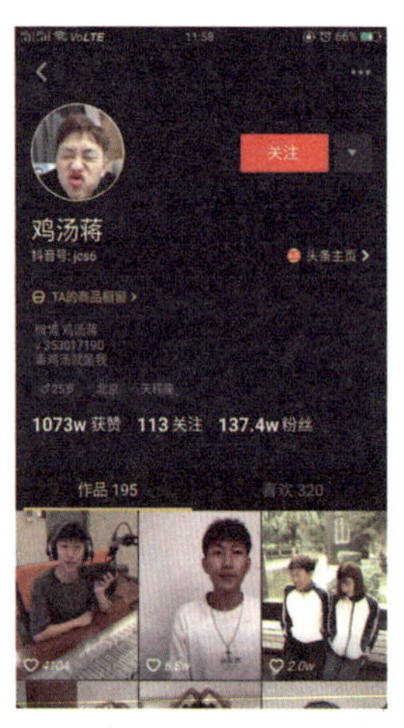

图 3–11 “鸡汤蒋”的抖音主页

3.3.6 表演类

这类是指通过剧情表演、唱歌、跳舞所展现出来的一种内容。特别是唱歌类的内容，更能吸引粉丝的关注度。这一点已经在摩登兄弟、王北车等人身上得到了证明。不过这抖音主播的要求特高，表演能力要强，唱歌要好听、跳舞要好看，反正没有实力的的主播是无法做这类视频的。

比如在抖音走红的洗脑音乐，《I miss you》《离人愁》《嘴巴嘟嘟》《学猫叫》《纸短情长》……都是依靠抖音主播对他们的演唱。大家要么演唱这类歌曲，要么借用音乐，配以舞蹈动作或者一定的剧情，为粉丝打造视听盛宴。

3.4 重要事情说三遍：原创、原创、原创

本书中虽然介绍了各种搬运法，但是抖音主播要想走得更加长远，最重要的一点还是要依靠原创，只有拥有原创力，才能比别人走得稳、走得长、走得好。所以，不要一味得只懂搬运或者模仿，能原创就原创。因为比起其他方式，原创有以下三点好处：一是原创的利润高，二是原创没有风险，三是原创成功的机会大。

抖音昵称为萌芽熊的企业号(见图 3–12)，它的抖音内容全部都是原创，甚至包括视频主角“萌芽熊”也是如此，目前的粉丝量达到了 852.5 万。比如其中点赞量达到 244.3 万的视频标题为“这一生，这一次，至少要骄傲地盛开过”。其大体的剧情是萌芽熊捡到了一支被丢弃的玫瑰花，然后放到水中养着，希望它能快快回恢复，并安慰它、鼓励它，最终让它恢复生机，勇敢地为自己绽放一次。这个剧情其实是比喻人在黑暗时遇到了关心自己的人，然后重新得到了光明，恢复了自信。

图 3–12　萌芽熊的抖音主页

3.4.1 原创内容的定位

要做好原创内容首先就要做好定位，定位不管在哪里都是被需要的。什么是定位，其实用一句话归纳就是：“选一个什么样的定位受众，去做什么样的东西”。现在的抖音内容大致可以分为两种：一是大众娱乐内容，比如唱歌、跳舞、搞笑等等，会看这类内容的粉丝心理是“我很喜欢你”。二是细分垂直类，比如各行各业的知识点、技能分享等，会看这类内容的粉丝心理是“我想成为你”。细分垂直类的粉丝不会像大众娱乐类的粉丝规模那么庞大，但是其优势在于粉丝的黏性和关注度会更高，认可度以及粉丝转化率也是如此。

3.4.2 原创内容的突破

如何坚持下去做原创内容是许多抖音主播的一道瓶颈，原因有三：一是因为期待的东西与制作出来的成品存在许多差距，二是资金支撑不起持续的原创内容输出，三是选题难，没有新意。那么如何才能解决这个问题呢？（见图 3–13）

图 3–13　三个方法突破原创内容瓶颈

3.4.3 利用新闻热点做原创

我们每天都会看到各种各样的新闻，因此利用时事热点做原创内容更能吸引到粉丝的目光，这一点我们在上文就说过。那么如何利用时事热点新闻加工呢？可按照以下的方式进行。

在各大网站、社交产品看看那些新闻受到粉丝关注，数量多不多？为什么要选择看关注多的新闻呢？原因有二：一是这些新闻事件可以尽可能地引起更多人的关注；二是可以利用热点来增强内容的原创性，从而达到粉丝访问超出预期的作用。

比如有一段时间网上非常关注“塑料姐妹花”的话题，就有人专门在抖音发起了这个话题，邀请粉丝参与。参与这个话题的人都获得了不小的热度（见图 3–14）。抖音主播也可以学习这个套路。

图 3–14　“塑料姐妹花”话题

3.4.4 扩展思维方式，寻找新思路

思维方式有很多种，比如逆向思维和发散思维。我们在想问题时，常常忽略了很多可能性。如果我们能换种方式去思考问题，结果就会完全不同。所以，抖音主播在进行原创内容时，不要只

用一种眼观去看问题，而是要从各个方面去思考。如此既可以保证问题的完整性，又可以全面地看待问题，从而保证更多原创内容素材的诞生。

3.5 按内容模板走，省心不省效果

现在越来越多的人加入了抖音，希望通过抖音引流，当然成功的也不在少数。但是如果天天换模板、换外景、换剪辑，不管是资金还是人力，投入都很大，所以最好的方式就是找模板。找好模板，就能最小成本运营抖音，但又不会影响到引流效果。

3.5.1 搬运法

搬运法是指把其他平台上的内容搬运到抖音，其好处是简单易操作，在平台监管还不是很严格时可以迅速吸粉，对于新手来说是个很好的选择，但是对企业或者希望长期玩抖音的个体抖音主播来说，这个方法非常不可取。

怎么搬运？可以参考以下四点：

第一，从其他视频网站、国外视频网站搬运，在搬运国外视频时要考虑是否符合中国受众的口味。

第二，从微信、微博搬运，关注一些人气高的公众号，将一些微信爆款内容搬运到抖音上，微博则可以从热搜、热门话题搬运，哪个排名高搬哪个。

第三，从电影、电视剧里搬，把较为受关注的情节剪辑一下，搬到抖音上。

第四，从名人明星处搬，特别是偶像明星，其一举一动都非

常受粉丝的关注，搬运他的视频可以吸引到这些明星的粉丝。

3.5.2 模仿法

模仿法的好处可以总结为三点：第一，能够融入抖音；第二，创意来源多样；第三，可以增加植入，提升相关性，模仿的人员、场所、道具都可以植入广告信息。抖音主播可以从以下两个方面进行模仿：

第一，随机模仿。看到什么视频火，自己就模仿拍摄一个；

第二，针对模仿。寻找目标的账号、IP，抖音内外的账号都可，分析其经典桥段、套路，看其是否已在抖音火爆，如没有就模仿拍摄一个。

图 3–15　李锐模仿“学猫叫”的视频

模范发有很多人采用，效果也非常好。比如抖音昵称为“须臾”的主播发起了一个《学猫叫》的舞蹈视频。就有许多主播跟着模仿，其中就有湖南卫视的主持人李锐，也跟着跳了《学猫叫》的舞蹈，本身的名人效应以及这个视频的原创热度，给李锐的这个模仿视频带来了 35.8 万点赞，1.6 万的评论量（见图 3–15）。

3.5.3 扩展法

场景扩展法是指在明确目标粉丝之后，围绕粉丝所关注的话题，迅速找到更多内容方向的方法。

比如，目标粉丝是25到35岁的年轻人，可以按照以下的方式扩展（见图3–16）：

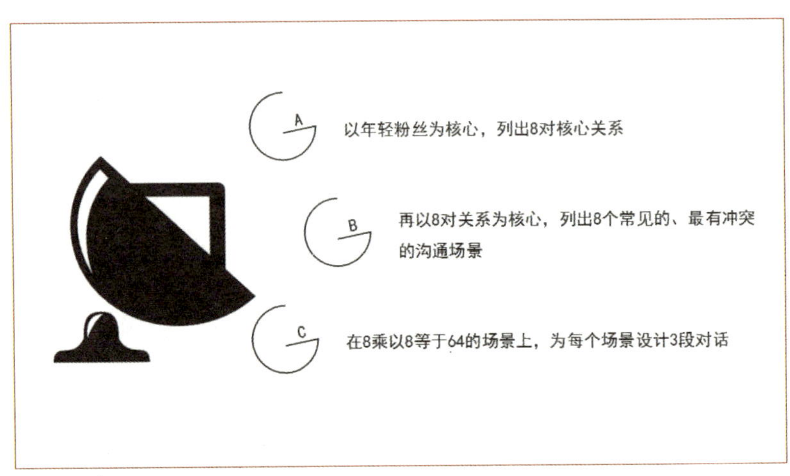

图3–16 场景扩展法的3个要点

根据目标粉丝群，很容易就可以得出第一层核心关系：

(1) 父母

(2) 孩子

(3) 好友

(4) 同事

在这四个核心关系中，还会衍生出第二关系：

(1) 爷爷、奶奶、叔父、伯母

(2) 孩子的朋友、老师

(4) 普通朋友

以上是第一层的关系，接下来进行第二层扩展：

围绕与孩子的关系，可以得出以下四个场景：

（1）家庭

（2）上学

（3）出游

（4）购物

基于以上四个场景，再扩展出四个场景：

（1）家教

（2）拍照

（3）给孩子买东西

（4）做家务

根据这8个二级场景，每个场景都设计3段对话，比如家教：

（1）辅导作业对话

（2）吃饭方式对方

（3）礼貌用语对话

角色之间的冲突关系都会在场景中有所体现，然后根据这个内容寻找素材创作即可。

3.5.4 代入法

代入法是指在抖音上找一个爆款视频，按照它的方式制作一个，换汤不换药。

比如下面的一个极地冒险水世界的抖音视频（见图3-17）。

图3-17 “Katheeine”的抖音浪花视频

这个视频的特点是：

（1）风景区的营销；

（2）浪花冲翻人群的震撼感；

（3）浪花冲翻人群的桥段不变，变化的浪花的大小、被冲人群的规模；

（4）主号+小号体系发布，扩大流量推荐的命中率。

这个案例对我们制作视频内容有什么启发呢？可以总结出以下 3 个操作要点：

（1）画出顾客的接触路径；

（2）找到 15 秒的竖屏冲突场景，做出“画框”；

（3）在“画框”里，不断更换背景、场景、人物，代入到各种“创意操作”中；

以卖房子为例，有什么场景是可以提炼出来的呢？

（1）先给卖车构建一个场景，可以让团队在这个画框内，不断地代入到各种元素中，就能轻松地把创意复制进去。

（2）场景构建：街头发传单顾客电话邀约？接待顾客看房？询问讲解？价格谈判？成交签约？……评判哪个场景最符合 15 秒竖屏冲突场景。

（3）代入创意：如何发传单——花式发传单；如何邀约顾客——销售员花式邀请；如何接待顾客看法——美女小姐姐创意接待；询问讲解——销售员语速飞快，顾客一脸懵……

3.6 套路又如何，能火就行

网上流行一句话：“我走过最长的路，就是你的套路。”套路在抖音上依然很火。不少抖音主播都在为如何制作视频内容烦恼，又或者是为视频内容无法达到效果而烦恼。其实，要解决这个问题很简单。

3.6.1 角色互换

表演的角色互相替换的视频内容，可以起到意想不到的效果。那么我们通过哪些角度来需找去用来替换的对象呢？比如夸张，夸大或者夸小；拟人或者拟物；完全相反的，美与丑、胖与瘦、男与女、老与少。

这种套路内容的条件是：当只有一个表演主体时，可以用夸张的方式，直接卖萌或者扮丑。比如有抖音昵称为“positive”的主播就是采用这种方式，她用夸张的方式演绎了泰国新娘出嫁时的情景（见图 3–18）。

3.6.2 剧情演绎

剧情演绎的套路可以细分为三种：

第一种，剧情增加：抖音里面确实有很多技术类的视频，有很多干货，但是这些视频的流量都不怎么样，究其原因就是这些操作缺少背景或者剧情，如果抖音主播可以加工，就是现成的内容材料。而且抖音是一个重剧情和重态度的 APP，

图 3–18　“positive”的抖音主页

有剧情有干货的内容才更有人看。

第二种，剧情延续：针对已经有一定热度的视频，主播可以进行剧情延续，具体的形式有反套路、补充后续情节、态度回应等。

第三种，剧情修改：这一方式大多数是针对已经很火的视频，要么搞笑、要么表达态度、要么剧情截然改变等。

做剧情演绎时需要注意两点：

第一，被模仿的剧情有特点，是社会文化承认的；

第二，模仿者适合去模仿此剧情。什么是适合的？其实就是有效果，或搞笑或感动。

3.6.3 音乐创意

抖音上有很多音乐都很火，但大多数是音乐团队找流量较大的抖音主播合作的，普通的抖音主播如果只是简单地发一段视频，引起关注的度非常有限。虽然也有《嘴巴嘟嘟》这类的歌，但是概率比较小。因此最有效的方法就是平时多关注那些大流量的抖音主播，当他们拍了一个视频，用了一首全新的歌曲时，如果预测这首歌非常适合抖音，也非常适合自己的定位，那么也跟着赶紧拍一个。总的来说，抖音上常用的音乐套路有以下几种：

第一，翻唱。比如男版改女版、电音改人声、正经唱改搞怪唱、童声改成年歌手。

第二，加料。根据歌词的意境编剧情，或者是给音乐配一段舞蹈。

第三，表态度。针对很火歌曲里面的歌词，表达自己的态度，或者吐槽。比如“确认过眼神，你是对的人”，就可以吐槽“可惜我当初瞎了眼”等。

电商 666 就是根据热门音乐的节奏及歌词，编了一段视频，歌曲是已经被 15650 个人使用过的。除了本身的音乐热度，其剧情的设计也非常出彩，给电商 666 带来了不小的流量，这条视频获得了 290.2 万赞、4.4 万的评论、2.1 万次转发（见图 3–19）。

3.6.4 土味情话

其实在抖音上还有一种套路非常火，效果极好，也很容易学习，但是需要抖音主播的应变能力特别强，就是对话对白的形式。抖音上常用的对话对白套路如下：

图 3–19 电商 666 发布的视频

套路一：

女：小哥哥，小哥哥，给你个东西你要吗？

男：什么呀？

女：你把手伸开，（男生伸开之后，女生把手放在上边）我，你要吗？

套路二：

美女，有男朋友吗？

没有的话，介不介意有一个？

有的话，介不介意换一个？

不换啊，介不介意多一个？

套路三：

你有地图吗？

怎么了？

我在你的眼睛里迷路了？

套路四：

你爸爸是做什么的啊？

嗯……怎么啦？

你爸爸是不是小偷啊？

不是啊。

偷了最亮的星星放到了你的眼睛里。

套路五：

我觉得你长得像我家一个亲戚。

谁啊？

我妈的女婿。/我妈的儿媳妇儿。

3.6.5 姓氏撩人

现在有一种好玩的套路就是姓氏撩人，那么姓氏撩人怎么玩呢？可以参考以下的做法：

我姓陈却衬不出我的心酸

我姓刘却留不住要走的你

我姓华却画不出你的轮廓

我姓高却愿意低下头吻你

我姓李却离不开孤独的你

我姓温却温暖不到你的心

我姓庄却给你最真的自己

我姓杨却没有给你想要的张扬

我姓邢却不能步行在你的心上

我姓岳却不能越过人海拥抱到你

我姓周却不能顾你周全

我姓虞却拥有七年记忆

我姓肖却无法微笑地看着你幸福的样子

我姓宋却不想把你送给时光

我姓黄却不想独自一人在街边恐慌

我姓彭却碰不见一个愿意为我弯腰的爱人

我姓孙却不会损失我的倔强和坚强

我姓辛却不能显露出任何的心酸

我姓梁却能温暖你所有的不安

我姓童却不会幼稚到让你为难

我姓董却唯独读不懂你予我的温柔

我姓唐却不想让你知道我掩盖住了所有苦涩

3.6.6 其他套路

抖音上的套路其实还有很多，主播们可以选择最合适自己的方式进行，现在将其他的内容套路做一个简单的介绍：

套路一：百家姓

在视频里介绍一个姓氏，包括姓氏的历史渊源，还可以在评论做互动，让同一姓氏的人在此做报道，并把所在城市注明。这种方式可以让人产生血脉的共鸣感。

套路二：古法烹饪

抖音上做美食的主播非常多，后来者想突出重围已经很困难。所以只能另辟蹊径，而古法烹饪就是最好的方式。古代人是怎么做饭做菜的，他们又是怎么吃饭的，吃饭的礼仪是什么。

套路三：百鬼夜行

其实就是讲鬼故事，把中国、日韩、东南亚、欧州的传说，文学、影视中的鬼故事做个介绍。如果资金允许，可以扮演其中的鬼怪人物，并加上特效音乐。

套路四：租房攻略

租房是现代年轻人最关注的一点，因为工资中的大部分都是花在租房上，而且租房的过程中还可能遇到种种困难。可以教年轻人如何租房操作细节，以及如何布置房子等。

套路五：生存指南

一二线城市的生存指南，年轻人在城市里拼搏，会遇到各种各样的问题，而这也是当下年轻人最关注的问题。所以可以演绎一些遇到问题的情景剧，然后再给出解决的办法。

4 CHAPTER

视频：这样制作，1亿点击不用愁

为什么“摩登兄弟”的演唱视频能获得百万点赞？为什么“野食小哥”发布的美食能引起那么多人叫好？“一禅小和尚”如何俘获了3500多万粉丝的心？……你一定很好奇，这些抖音视频怎么会那么火？因为运营者知道怎么制作高品质的视频。封面、文案、音乐、特效、拍摄技法、时间运用，一个都不能少，多方面打造一个点击过亿的15秒短视频。

4.1 封面：门面好，点击率才高

抖音的主播们都知道一点：抖音上的短视频只有 15 秒。当然了，抖音对其核心大 V 支持 1 分钟的视频。但是通常情况下，如果你从零开始，就只有 15 秒的视频时间。但是，话又说回来，很多人觉得 15 秒真的是太短了，而且 15 秒的视频就像信息流广告，又像贴片广告，非常容易脱离视频本质。

事实上，很多人就是利用这 15 秒的时间夺取了眼球，拿下了资源。

首先，在这 15 秒的时间里，你可以通过一个显眼的封面，吸引百万流量。看看下面这个抖音号的做法。

懂车帝是一款懂你的汽车资讯 APP，自从抖音火爆之后，懂车帝也加入了抖音引流的阵地。懂车帝 APP 有一条视频非常有意思，可以说在众多的汽车视频中脱颖而出。这个视频的题目是“15 秒就懂了：自动大灯清洗功能”。视频主要向大家介绍汽车方向盘多功能中隐藏的自动清洗大灯的方法。听上去这是一个很简单的视频，但却在短时间内获得 36 万点赞，在抖音搜索“汽车”视频中，该视频更是排在第一位。为什么

图 4–1　懂车帝 APP 抖音视频

这条视频能火爆呢？

因为它的封面吸引了无数粉丝点赞。这条视频运用的封面是一辆丰田 SUV 汽车正在清洗前大灯，重点是在动态封面中加入了对白。对白是这样的："这样，大灯清洗就打开了，帅不帅啊！"(见图 4-1)

很多人正是被这辆霸气的 SUV 自动清洗大灯的封面而吸引，同时，封面中加入的对白也引起了粉丝们的关注和好奇。

很显然，一个好的封面可以获得更多点击率，下面介绍一下在抖音发布短视频时做封面的一些小技巧。

4.1.1 封面要结合输出内容展现特点

我们都知道，在发布抖音视频时，选择封面时，是要根据视频中出现的画面选择的，换句话说，你的封面一定是来自你的视频内容。因此，想要在封面上获得引流，就需要截取一个有创意的封面。

B 站为什么会火？因为它的创意很多，其做法就是找到粉丝喜欢的内容。用恶搞、尬舞等方式迎合年轻人，年轻人就喜欢看这样新鲜的创意。抖音是一个音乐型产品，不仅要有节拍有节奏，还要有内容，当然这里面还要加入创意。在封面的选取上，更需要结合我们自己的产品或者输出内容去找特点。

就好比上述懂车帝 APP 发布的抖音视频的封面，就是根据输出的内容选择了一个极具代表性的瞬间作为封面。这样的封面可以给粉丝表达出两层含义（见图 4-2)：

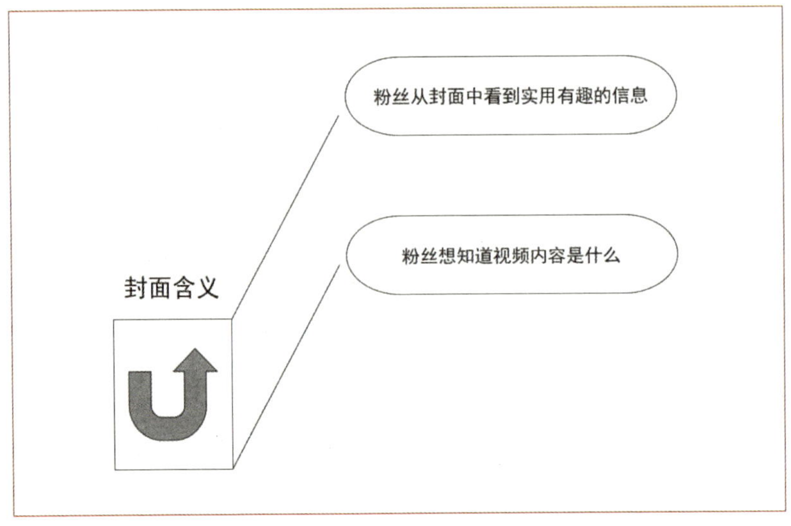

图 4-2　封面给粉丝带去的两层含义

有这样的“引子”，粉丝自然想要点击视频观看。所以，封面必须要展现出输出内容的特点。

4.1.2 动态封面、静态封面自由转换

抖音短视频的设置中，默认的封面设置是动态模式，也就是通常一打开关注的抖音号，对方的每一个作品的封面都是动态的。这样的封面比较吸引人，能够给人在内心产生一种想要点击的渴望。

有些抖音号拍摄的视频非常有趣，而且非常搞笑，这时候动态封面就可以大显神通，吸引粉丝点击。但是有时候粉丝喜欢的是静态封面，不喜欢满屏都在“动”的视觉效果，所以这时候我们就需要选择一张静态的图片作为封面。下面是静态封面的设置方式：

第一步，打开抖音 APP；

第二步，点击右下角的“我”，然后进入“我”的抖音主页面；

第三步，点击主页面右上方的“…”图标，进入“设置”；

第四步，在设置中点击“通用设置与协议”，即可找到“动态封面”的关闭按钮（见图 4-3、4-4、4-5），关掉这个按钮，封面就会为静态。

此时，我们再发一些小视频的时候，封面就是静态图。

图 4–3 “我”的主页面

图 4–4 找到“设置”页面

图 4–5 “通用与隐私”功能中的“动态封面”按钮

4.1.3 巧用工具给你的封面加点文字

抖音是一个发布短视频的平台，是无法直接给图片加文字的。但是我们可以看到很多抖音短视频内容中都有文字，尤其是封面上有一些对白文字，特别有吸引力。这时候，你需要利用第三方软件来给视频或者封面加文字。介绍一种简易操作的软件：爱剪辑。

爱剪辑是免费视频加工软件，打开爱剪辑软件，添加你拍摄的视频，然后点击字幕特效，就可以为视频加文字还可以给视频加入一些贴图等，这款软件也支持添加音乐、一键调色、美化视频等功能，操作非常简单。

当我们给视频加入文字之后，上传到抖音平台，在选取封面时，就可以选择有文字对白的图片作为封面。如此一来，你的视频封面就有了趣味，增加了吸引力。

4.2 文案：一句话就决定用户点不点击

如果我问你："白酒中文案做得最好的是哪家？"你一定会回答："江小白。"如果我问你："奶茶中文案做得最好的是哪家？"你一定也知道答案，因为答案就是"答案"。没错，就是在抖音上红透全国半边天的——答案奶茶。

无论是江小白，还是答案，似乎都不按常理出牌，却往往能剑走偏锋，做到令同行咋舌不已的爆红，甚至因此收获了一大批品牌的忠实粉丝，让人大跌眼镜的同时却又羡慕不已。

在抖音的短短 15 秒视频中，如何凭借一句文案就红透半边天？看一下答案奶茶的做法。

答案奶茶是一个会占卜的奶茶品牌，用户买到一杯奶茶之后，在奶茶杯的腰封上写上想要问的问题，然后心中默念五遍这个问题，拿到奶茶之后，揭开奶茶的盖子，就可以找到答案。

至于这个奶茶是如何占卜的？如何回答用户问题的？在这里不详细阐述，因为它很可能是店家提前做足了目标消费群的属性调查，然后利用机器生成答案，印在奶茶盖子上，至于具体的做法我们不追究。我们主要研究的问题是答案奶茶为什么会凭借文案在抖音火起来。

在抖音上有这样一条视频，其文案只有一句话，这句话非常煽情但却也非常有吸引力。因为这句话本身就是一个问题，即“错过的人，如何挽回！”

当粉丝看到这个题目时，就会很想知道到底答案是什么？如何挽回？而粉丝更想知道的是，这个视频中的奶茶能不能给出一个满意的答案。

在视频中，抖音主播在奶茶腰封上写下这个问题之后，慢慢揭开奶茶盖子，发现了三个字“算了吧”。随后伴随着伤感的背景音乐，所有观看这个视频的粉丝都会很有感触，因为这个答案真的是“恰到好处”(见图 4-6)。

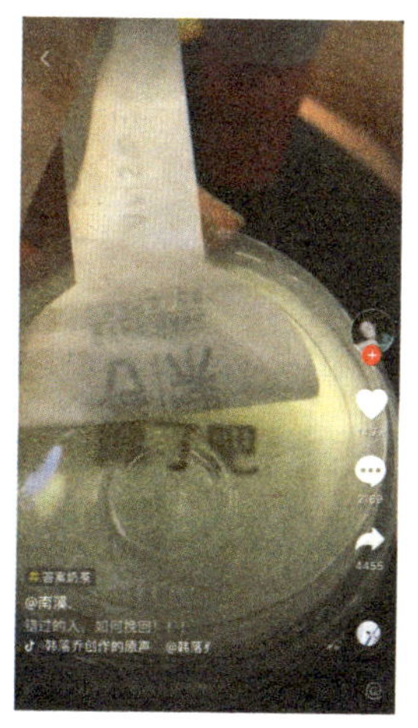

图 4-6 答案奶茶的一句话“煽情文案”

该视频获得了 14 万点赞，评论中更是共鸣不断，好多人说“好心酸”“慢慢放下吧”“所以最好不要错过”等，进而引发了一阵情感共鸣。在这种情感的催化下，粉丝记住了这个奶茶品牌，不断寻求奶茶的店铺信息，甚至引发了“答案奶茶”的挑战赛，在抖音上异常火爆。

文案对抖音主播来说非常重要，不要以为有一支精彩的视频内容就可以火起来。事实证明，粉丝第一时间先关注到的是你的文案。

文案能力对抖音主播来说也许算不上是必修课，但如果要运营好一个抖音号，就必须要具备一定的文案能力。

其次，自己撰写文案更能了解粉丝口味，这样的抖音号转化率才会更高。

那么，如何才能策划出一个好的抖音文案呢？

4.2.1 明确抖音文案的流程

首先，你需要准备一个空白文档。在这个过程中，你需要详细地了解所拍摄的视频的各方面信息，并分条目在文档上列出来，包括：视频中展现的产品有哪些功能、价钱如何、什么人会用到它、性能怎么样、有什么优势缺点、适用于哪些场景等。如果视频是一个故事，那么要思考这个故事表达的是什么，针对的人群是谁，寓意何在等。

然后，根据这些信息，选取一个角度思考创意，将视频的信息转化成粉丝看得懂而且戳中内心的文字。

至此，一篇文案就可以说是完成了。如果对文案不满意，还可以修改文字、调整顺序等。

我们总结一下，这个流程上简单来说是这样的（见图 4-7）：

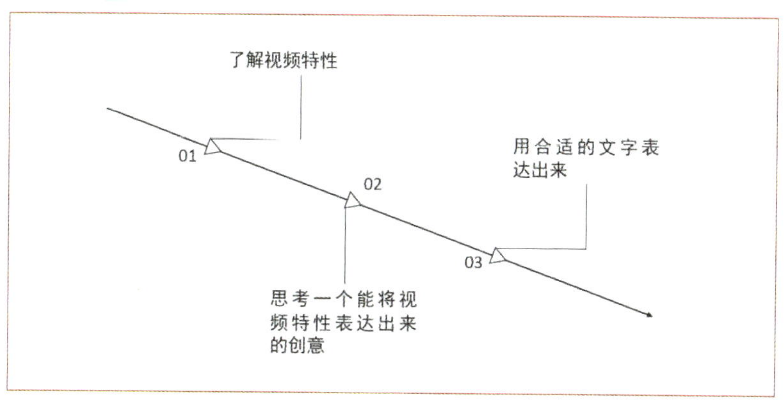

图 4–7　抖音文案流程

这三个步骤看上去简单，但是文案最难的是创意。那么，问题来了，怎么找到创意呢？

创造力实际上是一种综合形式的表现，如（见图 4–8）：

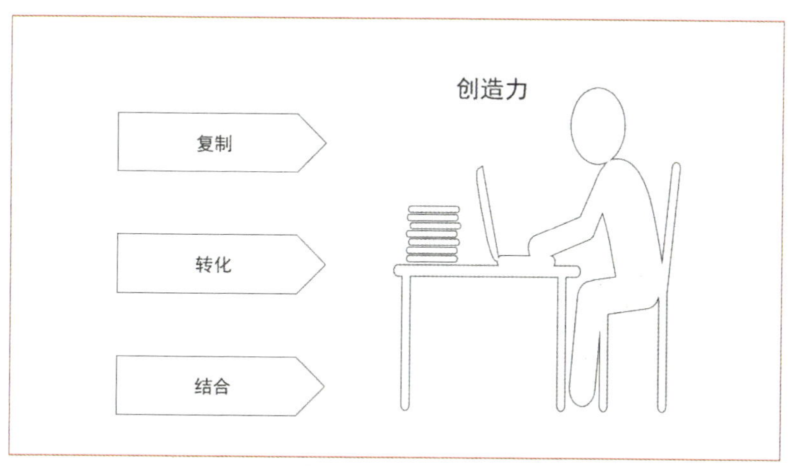

图 4–8　创造力表现形式

关于这个创造力的方式，总体来说，离不开对知识的积累和对事件本质的思考与洞察，在这两个方面多做努力就能实现。

4.2.2 文案要与转化率挂钩

了解了抖音文案的流程，是不是就可以顺利写出点击量过百万的文案呢？当然不是，我们还需要考虑一个问题：文案的转化率。文案的最终目的是要引流，让更多的人看到并且点赞和关注你。

我们可以从以下几个维度来思考（见图 4–9）：

图 4–9　文案转化率需要思考的维度

（1）抓住粉丝痛点。抓住痛点就是一定要触动粉丝的内心，这样才能连接用户的情感，转化率自然而然就提高了。问题的关键在于，如何抓痛点？

找痛点不能凭空想象，要建立在切实了解用户的基础上，把自己当成是粉丝是一个不错的方法。

还可以做足用户群的调查，了解你的目标粉丝群都喜欢什么样的视频，他们最为迫切解决的问题是什么等。

（2）营造场景。一个具体的使用环境能让粉丝更直观看到你的视频的特性。比如你想要在抖音视频中展现一瓶化妆水，那么在文案中就应该营造出女性使用这款化妆水的场景，如约会、旅行、聚会等场景，粉丝就可以直观地感受到这瓶化妆水的特性，再据此判断是否值得点击观看。

（3）细节描述。这一点与营造使用场景有些类似，细节描写能让你的视频特性更有感染力，并且，细节的描写也让描述看起来更为真实可信，能让用户根据文字的引导，想象出视频的更多信息，也就能够更准确地权衡你的视频是否有趣味。

（4）思考视频可以给粉丝带去什么改变。举个例子，在抖音上有一个视频是教会大家如何系出漂亮的鞋带的内容，其点赞数量高达 78 万，转发 15 万，这个视频为什么可以火起来（见图 4-10）。

图 4-10 “穿裙子这么系”文案

因为它的文案很有引导性，“穿裙子这么系”，简单的六个字，给粉丝带去了一种隐形的期待，即鞋带系得美，搭配出来的裙子也会显得更美，整体造型就会加分，那么约会时，就会更加靓丽，在人群中也会更突出……

4.3 音乐：好内容要有好配乐

抖音是一个发布音乐短视频的平台，想要获得人气和知名度，需要有一个好的音乐背景。这就好比导演拍电影，画面就算再美，没有背景音乐的衬托，也无法达到一个心境的升华。音乐的作用就是提升整体视频效果，让粉丝的情感、心理与视频内容一起融合，提高感情升华。

一个富有情感的视频，一定会获得更多的转发和点赞。所以我们在做抖音视频时，需要选择合适的好音乐做背景。

下面看一下截至 2018 年 7 月，抖音网民最喜爱的 10 首背景歌曲。

《Panama》

很多人在抖音上都被"C 哩 C 哩"这个歌"洗过脑"，甚至有人认为，如果你没听过"C 哩 C 哩"都不好意思说自己是年轻人。《Panama》这首歌是由罗马尼亚歌手 Matteo 演唱的曲目。这首歌非常适合搞笑短视频。

《空空如也》

这首歌是网络歌手胡 66 演唱过的一首作品，歌曲曲风采用一种节奏布鲁斯的风格，胡 66 嗓音比较有特点，适合情感类短视频。

《我们不一样》

这首歌在 2018 年非常火爆，在抖音短视频上累积了大量粉丝。这首歌适合讲述兄弟情谊、个性趣味的视频。

《体面》

电影《前任 3：再见前任》中的插曲，是非常伤感的一首歌曲，2018 年上半年在抖音爆红，各种情感、失恋类的短视频都使用这首歌作为背景，非常有代入感。

《起风了》

这是一首根据日本宫崎骏动画改编的歌曲，歌手“买辣椒也用券”把日文歌填词改编翻唱，非常受网友们喜爱。这首歌适合拍摄励志、正能量的短视频。

《IT G Ma》

这首歌在 Youtube 上传仅一个月，播放量就超过百万，截至 2018 年 6 月，这首歌拥有 4800 万的播放量。在抖音上，它主要被用来制作各种表情怪异的视频，也引得很多人关注。

《Down In The DM》

这首歌的流行，源于抖音官方推的一个叫“搓澡舞”的挑战赛。由于这首背景音乐曲调明快，节奏动感，抖音两位美女达人创作的舞蹈动作也简单易学，因此迅速被许多抖音主播跟风模仿。显然，这首歌适用于舞蹈类动感的视频。

《带你去旅行》

这首歌可以说是2018年抖音最火十大神曲之一中的NO.1。这首歌节奏虽然明亮，但是伤感程度爆表。很多人在抖音上最先发现是因为有一个抖音主播剪辑了一个《哆啦A梦》的短视频，背景音乐就是这首歌。拍摄者用纸剪出电影中的主角静香与大雄，在同样用纸做成的各种背景中演绎故事，伤感至极。所以这首歌非常适用于能产生共鸣的情感类视频。

《小跳蛙》

有些人认为这首歌是一首儿歌，但其实这首歌是首正儿八经的摇滚歌曲。在抖音里，这首歌一般被用来作为卖萌视频的配乐，可爱的歌词配上可爱的表情，卖萌效果超级好。

《追光者》

这首歌是电视剧《夏至未至》的一首插曲。词意真切，歌声款款是它的特点。这首歌中蕴含着一份单纯的爱意和坚定的承诺，令人听到纯真，听出故事。歌曲干净舒缓，歌词直戳心意，唱出一段难言的爱恋，让人不自觉地陷入对青春往事的回忆之中。这首歌非常适合呈现回忆青春往事的短视频。

4.3.1 根据内容选择合适的音乐

为短视频选择合适的音乐，要遵循一个原则，那就是根据自己拍摄的内容选择音乐。

打开抖音“选择音乐”界面，会发现一系列的音乐排行榜、飙升榜。我们可以选择热歌，也可以点击“更多”，发现分类（见图 4–11）。

有十几种分类，包括欧美、激萌、搞怪、日韩、舞蹈、校园、运动、经典、配乐等，可根据自己拍摄的内容来选择。另外，我们还可以在搜索栏中搜索自己喜欢的歌曲。

当然了，如果我们是上传事先拍摄好的视频，也可以在上传完视频之后，点击“选择音乐”来选择合适的音乐。

总之，无论选择哪种方式发布视频，都不能只认定最火爆的歌曲，而是要选择与拍摄内容适合的背景音乐，这样才会为你的视频增色加分。

图 4–11　抖音中选择音乐类型

4.3.2 创作原声，独一无二

在抖音短视频中发布视频，有一个痛点经常围绕各位主播：“大家都在用一个音乐背景，很难突出自己的风格，该怎么办呢？”

的确如此，抖音短视频那么多流行火爆的音乐，就算选择了合适自己的音乐，也可能因为其他点击量高的视频，而让自己的视频落在后面，此外，运用别人的音乐也很难完美地表达出自己的想法。这时候，我们就可以创作原声，展现出独一无二的特点。在这方面，途家民宿做得很好。2018 年 7 月 23 日，途家民宿在抖音短视频推出了一个非常文艺个性的短视频，并且还被推送到了首页。视频中一个文艺女孩，坐在一个安静的院子里（途家民宿的院子），然后翻看一本书，弹一把琴，执一束花。整个视频淡雅脱俗，文艺范儿十足。这样的视频背景音乐自然是非常重要的。

途家民宿采取创作原声的做法，创作出了属于自己的背景音乐，沙哑的女声轻轻淡淡地唱着："往后余生，风雪是你，平淡是你，清贫也是你……"粉丝听着这首歌，看着视频里的画面，仿佛自己走进了这个安静优雅的院子里，享受着平淡的生活，轻松又美好。

这个原声背景音乐百分之百符合了这个视频的内容，还给粉丝带来代入感，让粉丝可以在最大程度上体会途家民宿。

4.4 特效：让你的内容更有创意

很多点赞超过百万、粉丝百万的抖音主播，他们的短视频往往特效很棒。酷炫十足之外，还透露出高科技，甚至黑科技的成分，如此一来让短视频就显得非常专业。下面看 Airbnb 是怎么做抖音视频的。

Airbnb 有一个抖音视频，其文案是"初来乍到搞事情，全球民宿随心朱，首次预订有礼金"。

很显然，这是个营销视频，如果你不打开，可能会觉得这是个普通的推广视频。事实上，当你打开这个视频之后，就会大跌眼镜。

打开之后，先出现了一个 Airbnb 手机预订房屋的页面，这个页面上显示的是一个有 10 个房间的大别墅，随后，画面马上切到两个年轻女孩，她们快速如飞，在这个偌大的复古别墅的楼梯上，似乎在寻找什么宝藏，看上去非常惊悚刺激。随后屏幕上又出现了一个房屋信息，这个房子在法国，是一对搞艺术的夫妇的房子，只有一个房间，但是可以享受到美丽的巴黎风景。接下来镜头切换到了一位坐在阳台上喝着咖啡的女士，她对面就是复古又时尚的巴黎风景。再接下来是一个树屋，这个房子挂在一棵大树上，所有东西都需要用滑轮搬运到树屋上，这种体验非常独特，并且镜头表现了两个男孩用一根绳子尝试搬运行李到树屋上的过程。当你还沉浸在树屋的体验中时，镜头中又出现了一个房屋页面，这是一座度假别墅，拥有超大豪华的天台游泳池，在这里可以观看最美日落，随后镜头快速跳到了彭于晏的镜头，他此时正在这所房子里吹着海风，欣赏着落日……最后镜头上出现了“Airbnb 爱彼迎，预订全球特色民宿”的字样（见图 4–12）。

图 4–12　Airbnb 的视频特效

这个视频刚一上传，就获得了 6 万点赞，最大的优势在于它的剪辑（见图 4–13）。

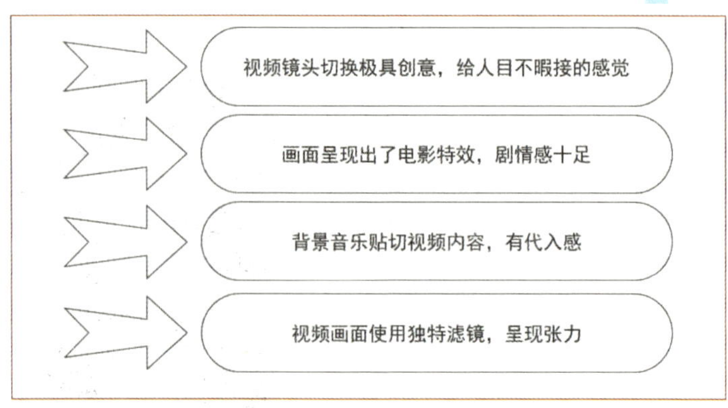

图 4–13　Airbnb 的视频特效优势

因此，这也给很多抖音主播带去了启发，想要获得引流成功，必须要有特效加持。

4.4.1 选择抖音自带的视频和滤镜特效

图 4–14　视频和滤镜特效选择

在抖音上传或者拍摄视频时，可以选择抖音自带的视频和滤镜特效，抖音为用户准备了多种视频特效方案。

点击视频左下角的“特效”，有两个选择，一个是滤镜特效，另一个是时间特效（见图 4–14）。

滤镜特效，如“灵魂出窍”、“抖动”“粒子”“线性”“幻觉”“70S”“X-

Signal”，按住就可以使用滤镜特效。

时间特效有三类，“时光倒流”“反复”“慢动作”。“时光倒流”是逆序方式呈现，给人一种时光倒流的感觉。“反复”就是反反复复呈现出某一个动作，用于强调和突出。“慢动作”指的是放慢动作，让粉丝可以更清晰直观地看到视频中呈现的东西。

另外，我们还可以选择“滤镜”功能，让你的拍摄画面更唯美，有日系、年华、非凡、动人等滤镜效果。

4.4.2 巧用手机视频特效 APP

除了抖音自带的视频特效之外，我们还可以借助一些手机制作视频的 APP 来帮忙。

（1）VUE。曾被评为 2016 年 App Store 十佳应用，这个短视频拍摄和剪辑软件，一上架 就被超过 120 个国家和地区 App Store 推荐。

在该软件中，有电影级别的滤镜，操作也非常简单。VUE 内置的电影级别滤镜可以在很大程度上提升视频的表现力，其中F1 滤镜尤为出色。

VUE 还支持多种视频画幅，除了竖屏全屏画幅之外，还有经典、正方形、16∶9，电影荧幕超宽屏。

虽然这款 APP 中只有 15 款滤镜，但是每一款都很值得抖音主播借鉴和使用。

（2）Quik。Quik 是由 GoPro 出品，由 Replay 更名为 Quik。Quik 的基本使用流程很简单：导入照片或者视频→挑选预设或音乐→编辑文字→完成。

在这个软件中，有很多视频特效模板，非常适合抖音小白使用。

（3）美拍大师。美拍大师 APP 是由美图公司出品，美拍的升级版，跟美图秀秀一样简单易上手。

在美拍大师中，对视频时长没有要求，而且可以录制 16：9 的电影画幅，拍摄人像可自动美颜，支持剪辑、加动态文字、转场动画、滤镜，模板。其最大的优势是想要什么背景音乐都可以在线搜索。

（4）Slow Fast slow。如果你特别喜欢拍摄慢动作视频，想对速度控制得更加精细，那么选择 Slow Fast slow 就对了。这个 APP 能通过曲线控制点完美地实现变速达到“倒放”效果。

（5）Action Movie FX。这是一款电影特效视频工具，用户可以在这里找到各种电影及的特效：爆炸、烟火、火树银花、导弹攻击、龙卷风等。使用这款 APP，拍出来的视频特效惊艳，而且操作非常简单。需要注意的一点是只有合适的拍摄场景和角度，才能和特效比较完美地贴合。

4.4.3 使用 AR 视频特效效果

在拍摄抖音视频时，还可以加强 AR 方面的视觉特效，利用虚拟现实，呈现出 3D 的画面感，这样的视频会让粉丝身临其境，观看时更加有代入感。

有一款电脑软件视+AR，搭载独立开发的 Easy AR 引擎，包罗丰富 AR 内容的增强现实应用。

在这个应用中，我们还可以把一些现实中不存在的东西与拍摄内容结合起来，例如与恐龙等各类增强现实 3D 角色在真实场景中互动。让我们拍摄出的视频更加酷炫闪耀。

在这款应用中，下载识别图，扫描识别图可以体验增强现实角色在视频或者照片中实时跟踪的独特效果。还可以随时切换各类武器来“轰炸”现实场景，迅速便捷地拍出酷炫科幻大片。

4.5 拍摄：好的镜头决定好的视频

抖音短视频发展非常快速，想要密切关注行业风向并且跟上脚步，并快速实现引流，必须要掌握镜头拍摄手法。如何让你的视频更加出色有创意呢？可以从大量观摩学习别人的案例开始，看一下别人家的好镜头是如何炼成的。

抖音中有一个叫“Odelia_Wang”的主播，在“舞蹈”这个挑战话题中，发布了一条抖音短视频，几天时间就获得了 375 万条点赞。看一下这个抖音主播是如何做到的。

这个视频的文案是“手机倒过来看水中漫步”（见图 4–15）。

图 4–15　Odelia_Wang 发送的短视频

打开的视频的第一眼，你就会爱上这个视频，它之所以精彩，依靠的是拍摄手法。视频中一位游泳者潜入水底，然后突然翻过来，在水里倒立而行。

拍摄者的手法也非常高超，给用户呈现出一种踏浪而行的精彩画面。粉丝在观看时，把手机倒过来，会发觉游泳者仿佛在水里面倒立行走，非常酷炫。

这样的画面，镜头感很有张力且极具渲染力，给人带去惊喜的效果，粉丝自然忍不住点赞。因此，学会精湛的拍摄手法，拿捏好镜头，对抖音引流来说非常重要。

4.5.1 掌握运镜拍摄手法

运镜类视频，顾名思义就是运动着的视频，“分身术”视频就是它的一种，它属于拍摄技巧类难度系数比较大的类型。如今，仅用手机拍已经无法满足炫技的要求了，更多的抖音主播会选择对视频进行影视后期加工处理，来实现预期的效果。

像这样略带难度的拍摄是如何实现的呢？

首先，这种拍摄手法需要有1—2个人进行辅助，或者是有一个团队来进行创作，在内容制作上必须极致入微。

其次，运镜类拍摄手法的几个小窍门：

（1）以特效为主，特效足够炫酷。

（2）镜头画面要流畅。

（3）音乐选择方面比较重要，尽量选择节奏强的配乐，跟随音乐节拍进行画面呈现，增加视觉和听觉上的感染力。

我们简单介绍一下如何利用运镜类镜头拍摄抖音短视频以“学猫叫舞”为例：

第一步，先听一遍背景音乐，熟悉歌词，找到重点词，加入手势动作；

第二步，一句歌词加一句手势；

第三步，选择音乐开始录制；

以上三步记得要用快速或者极快模式拍摄。

第四步，动作放慢，手要稳，手机不要乱晃；

第五步，音乐节奏弱的时候，上下左右移动手机。

我们总结一下运镜类镜头拍摄的几个重点（见图 4-16）：

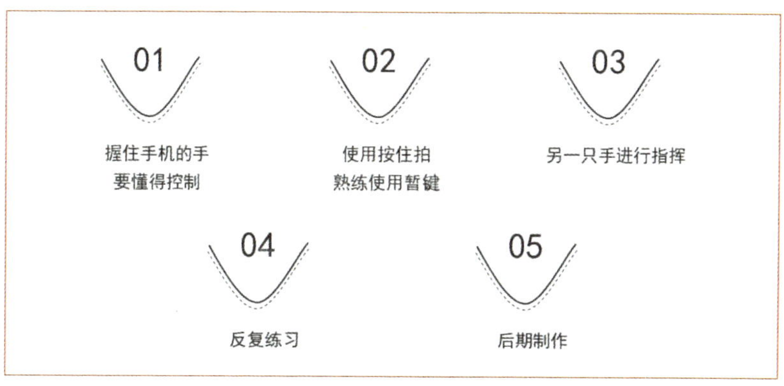

图 4-16 运镜类镜头拍摄的几个重点

4.5.2 照片/相册变视频

我们看过很多点赞几十万甚至上百万的抖音视频都是照片拍摄法，也就是选择几张有代表性的照片，制作成视频。这样的方式不但直观，而且粉丝观看时不会产生疲惫感。因此，有很多抖音主播就想知道照片怎么制作成视频。

下面我们以 Ipone 手机为例，看一下如何把照片或者相册制作成抖音视频。

首先，找到 Iphone 手机自带的录屏功能；

其次，准备好想要做成视频的照片素材；

第三，点击录屏按钮（3 秒倒计时后开始录制）：打开相册→

翻动准备好的素材→点击左上角录制时间显示→停止录屏→视频会自动保存到相册。

第四，打开抖音，上传至抖音，上传时记得添加背景音乐，顺利完成。

4.5.3 抖音视频拍摄小技巧集锦

视频如何倒着录?

针对这样的拍摄，其实很简单：

第一步：正常录完视频（右上角打勾）；

第二步：进入预览界面，选择特效；

第三步：特效里选择“反复”即可。

如何切换场景?

按住圆形录制按钮开始录，几秒之后松手停止录制，换一个场景继续按住按钮录。需要注意的是要长按才可以录制，而不是按一下。此外，在场景切换时，我们还可以巧妙地利用外界的动作或者遮挡来完成，这会让视频更加酷炫。

动作很难跟得上音乐节奏怎么办?

录制界面，选择“快”或者是“极快”你就可以跟上了，当然前提是你必须要熟悉音乐，知道音乐的节奏点在哪里。

如何添加屏幕震动效果?

拿着手机要有节奏地抖动，注意频率不要太大，否则视频拍出来，就只剩下一个影子在那里晃动。

如何做到忽远忽近的镜头？

很多抖音主播拍摄的画面忽远忽近，神秘莫测，这是如何实现的呢？实际上，你只需要拿着手机放远再拉近即可。

如何不用手一直按着来录制视频？

录制界面右边，有个倒计时 3 秒，按下之后 3 秒就会自动开始录制。

如何给镜头添加旋转效果？

我们只需要旋转手机即可实现这种效果。

如何裁剪自己的视频？

许多人上传的时候只会按住底部黄色框的中间部分拖动选择 15 秒，其实，拖动框的两边，可以截取任意秒数的视频。

4.6 时间：在 15 秒内将内容表达完

在抖音上发布短视频，就必须要抓住 15 秒的视频时间。如何才能在 15 秒钟把内容表达完呢？这就需要我们在时间上特别注意。

乐事的官方抖音账号“你的爱抖乐事”发布了一条视频，在抖音上迅速收获近 30 万的点赞。这个视频的女主角是著名自媒体人 papi 酱。

我们用文字的形式来看一下，乐事是如何在 15 秒钟之内，拍完了一个优美并粗暴的故事：

故事的脚本是："第一次见你，你穿白裙，手拿乐事，阳光透过薄脆的薯片映在你的脸上，你宛然一笑，怦然心动，就是这样……"（此处是一个男士低沉温柔的声音，悠悠诉说。画面中的 papi 酱更是优雅得体，身穿白衣，手拿一袋薯片，在阳光下悠然自得的样子非常安静美丽。）

画面到这里，已经 10 秒钟过去。看上去很美的一个故事似乎就要这样结束，但是剩下的 5 秒钟时间出现了反转。

Papi 酱正在享受薯片时，乐事薯片被人从手中夺走了，画风突然出现了变化，柔情的背景乐消失了，唯美的光线滤镜也没有了，优雅大方的 papi 酱突然大怒，并且"粗暴地"大喊："还给我薯片！"配合夸张刁蛮的表情，非常可爱风趣，让人大跌眼镜。

15 秒钟的视频结束了。

在这 15 秒钟内，乐事给我们描述了一个完整的故事，这个故事平和、起伏、反转、对比。而且加以拍摄的特效和滤镜的变化，让人惊讶不已。

很明显，只要我们懂得剪辑，懂得拿捏，就一定可以在 15 秒的时间内，呈现出好的故事。

4.6.1 学习快闪视频的制作技巧

很多人可以在 15 秒钟内呈现很多内容，因为他们使用了快闪视频。不要小看这个快闪视频，它们制作简单、内容充足，在 15 秒时间里可以很好地达到我们内容传播的效果，并起到了一定的营销效果。具体是怎么操作的呢？

首先，看一下快闪视频的作用。

(1) 快闪视频的第一个用途就是制作音乐视频，由于抖音用户对搞笑内容极为喜爱，快闪视频最合适的就是制作音乐视频。

(2) 快闪视频非常具有创意，所以很容易吸引年轻人的喜爱。因此抖音主播纷纷瞄准这一点，利用快闪视频推广产品，从而引流。

(3) 用文字做快闪视频方式更加灵动，粉丝也更加喜欢。还有人在很多快闪视频中加入一些商品图片，也达到了相应的引流效果。

快闪视频到底是什么？我们用一张图来表示（见图 4–17）：

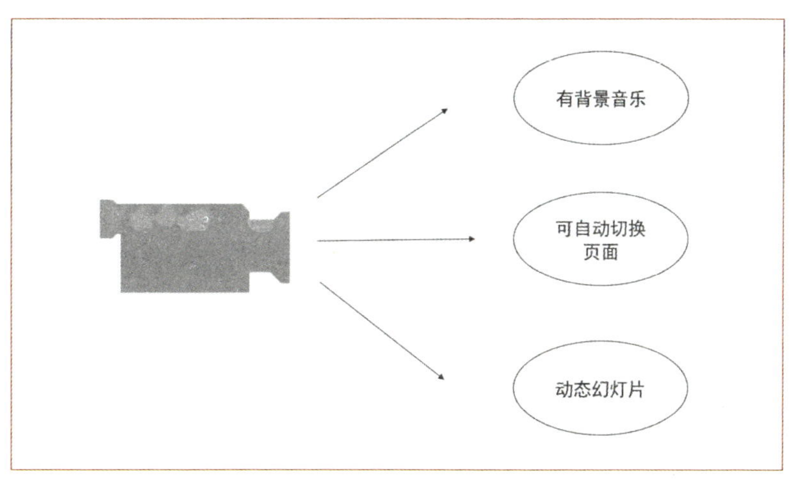

图 4–17　快闪视频

(1) 节奏由慢到快。快闪视频的背景音乐，节奏往往都很快，这样可以在无形中营造一种急促的氛围，所以，要求页面的信息量足够简单，甚至一句话，都可能会拆分成好几页来展现。目的只有一个，满足粉丝快阅读的节奏。同时，还能够让粉丝快速理解页面信息。

(2) 画面切换节奏要快。快闪视频，画面的切换节奏要很快。但是，要注意，切换节奏快，不是一味地闪屏，这样会造成视觉疲劳。快闪视频的画面节奏，要保持张弛有度，有些页面闪现时间较短，有些较长，通过时间节奏的更迭变化，可以提升观看体验，千万不能让粉丝一直处于神经紧绷的状态。

(3) 声画垂直同步。如果我们只是更换背景音乐和切换节奏，其实，也已经具备快闪的形态。但是，这样的快闪视频往往很粗糙，不够专业和精细，我们要做到声画垂直同步。

(4) 根据音乐节奏制定页面切换时长。页面的切换时长一般为 0.2—0.5 秒之间，当然，具体要根据音乐节奏来确定。页内元素的动画时长，一般也在 0.15—0.3 秒之间，如果想要延缓页面节奏，可以稍微调整得更长一点。

4.6.2 用工具压缩长视频

想要在 15 秒内呈现一个完整的故事，除非有很高超的视频拍摄手法，否则我们还需要借助工具。很多时候，我们会把拍摄的视频选择截取 15 秒上传到抖音。但有时候截取的 15 秒钟视频并不能表达出我们拍摄的效果和初衷。

因此，我们非常需要一款可以把长视频压缩的工具。下面介绍一款工具 Hyperlapse。

Hyperlapse 是一款手机 APP，是由 Instagram 出品的延时或者微速摄影的 APP，可将长时间的视频压缩到十几秒。Hyperlapse 的设计也非常简单，不需账号登录，整个操作界面上只有一个圆形的拍摄键，没有复杂的滤镜选项。

这款软件可以把日出过程压缩成 10 秒，也可以让 5 千米的长跑过程缩短在 5 秒内呈现。这款软件非常受年轻人欢迎，很多拍摄旅行的抖音大号都在使用这款工具。

Hyperlapse 凭借自行研发的防抖处理技术，能够让微速摄影圆润化，在实际拍摄中的防抖效果让人十分满意。拍摄完成后，你可以任意选择变速倍率，来达到你要的视频长度。

5 CHAPTER

吸粉：抖音粉丝只有这样才关注

抖音的发展趋势见好，除了个人在抖音平台消费大量时间外，一些商家也纷纷进入这个风口。但并不是所有人都能成为风口上的猪，没有流量、不懂吸粉让很多抖音运营者看着别人获取红利，而自己只能在一旁干着急。想要引流吸粉，运营者必须静下心来学习专业理论和实操技巧，这样才能厚积薄发、一飞冲天。

5.1 “懒人式”玩法，也能吸粉 10 万+

不少人觉得抖音吸粉很难，操作起来非常复杂，因而放弃了抖音红利。其实在刚进入抖音时，也有一些“懒人式”的吸粉方式，方式虽然简单，但是吸粉效果并不差。刚进入抖音的新人们可以做参考。

5.1.1 人物式

人物式的意思就是主播自己出镜拍抖音视频，也可以拍一位帅哥或者美女，总之要有人物出境。目前在抖音算法机制中，有人物而且多个人物出现，能分配到的流量就更多。所以，多找几个人拍视频是吸粉最好的方式。

那么人物出境要表演些什么呢？对于没什么特长的抖音主播来说表演内容是一个很大的难题，其实“懒人式玩法”不要求抖音主播有特长。只要将在网上搜集到的一些素材念出来即可。当然不是那种一板一眼地念，而是要像和他人交流一样，声情并茂地表达出来，给粉丝这段“念白”是有生命、有张力，能深深地打动他们的感觉。

抖音上很多大咖主播最初都是采用这种方式，他们发表的一些见解其实都不是自己的独家见解，而是在其他社交网站上都讲烂了的“段子”，但是经过他们的“演绎”，收获的点赞量都是几十上百万，评论转发量也是数千。由此可见，这种方式看似简单，但效果很好。

抖音昵称“like 理科”的主播就是采用的这种方式。虽然不能与引发几百万的点赞，但是对于新手来说确实是一个不错的方式（见图 5-1）。

图 5-1　抖音主播“like 理科”的发布的视频

5.1.2 图文式

图文式就是指将收集好的素材全都制作成图片+文字的形式，抖音可以上传图片，也可以制造动图。把这些加了文字的图片上传后，就会自动生成视频格式让粉丝观看。图文式的视频有一些操作要点需要注意：

第一，慎重对待第一张图的文字。因为它相当于文章的标题，其吸引程度直接决定了点击率多少。

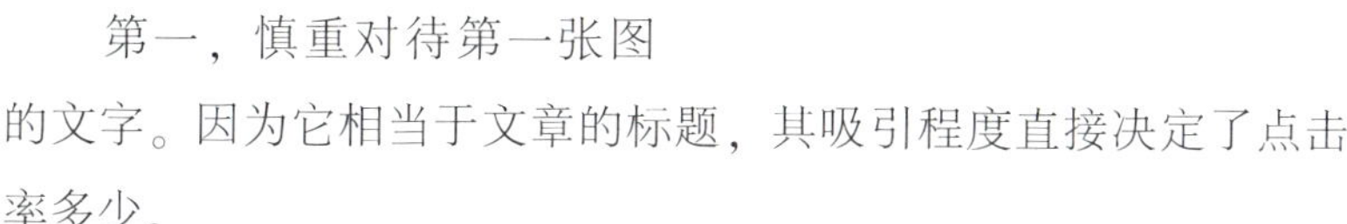

第二，文字要简短精悍。因为是视频格式，粉丝无法自己翻页，如果文字过多粉丝根本来不及看完，那么就无法被内容所吸引，从而无法对抖音主播产生关注的欲望。

第三，图片数量要有控制。图片的数量尽量保持在 6—7 张，最多不超过 9 张。因为视频的时间有限，如果图片太多视频就会将图片展示的速度加快，这样就不利于粉丝阅读。如果只有 6—7 张图片，每张图片只有一两句话，粉丝就能在 15 秒的时间里得到最好的阅读体验。

抖音昵称为“育儿指南”的主播就是采用了图文式的方式。有条视频（见图 5-2）图片只有 5 张，第一张的文字相当于一篇文

章的标题“害苦孩子一生的4种妈妈”，其余的四张就是对这四种妈妈做了非常简洁的介绍。符合了抖音的15秒限制，也让粉丝看清了内容，这种方式却非常值得其他主播学习。

图5-2　“育儿指南”发布的图文式视频

5.1.3 对话式

对话式是指把收集到的一些素材制作成聊天记录的形式，因为人或多或少都有“偷窥欲”，制作成对话式可以有效地引起粉丝们的好奇心。对话式的操作方法很简单，只要把收集好的素材整理成对话，然后利用两个微信号互相聊天。在聊天的过程中，用手机录屏工具把聊天的过程录下来，最后将其上传到抖音上。但在设计素材内容时要注意两点：一是要自然，不要看起来就像故意设计一样，太过拙劣的表演粉丝是没有观看欲望的；二是要控制时长，对话式的内容长短要与抖音15秒的时间相符合。

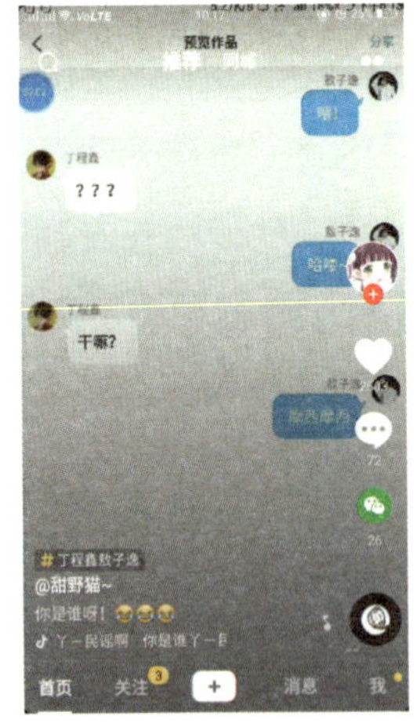

图5-3　“甜野猫”发布的对话式视频

抖音昵称为“甜野猫”的主播就是采用了这种对话式，利用两个QQ号进行对话，形式非常有趣，让人看了忍不住大笑（见图5-3）。

5.2 爆款视频，是最好的吸粉方式

和企业的运营逻辑一样，通过爆款产品让大众知道企业的品牌，然后带动其他产品的销售。抖音上很多大咖通过爆款视频提升了知名度，然后吸引粉丝观看自己的其他视频。但是，爆款视频并不是那么容易制作的，也不是谁都能做出来的。

如抖音昵称为“亲个tun儿”的主播，他发布了一个“噘嘴都是爱你的形状”的视频，点赞量达到了78.2万，评论量达到1.2万，转发量达到了3.7万。从数据来看属于爆款类的视频（见图5-4），可以从两个方面来看：

第一，与其他人对比。进入“噘嘴都是爱你的形状”这个话题榜，发现该主播的视频排在第二位，与第三名30万的点赞量有明显的差异。与其他视频的差异就更不用说了。

第二，与自己对比。进入该主播的首页，发现除了上述的视频之外，其他视频的点赞量只有几百，但是他的粉丝量却达到了

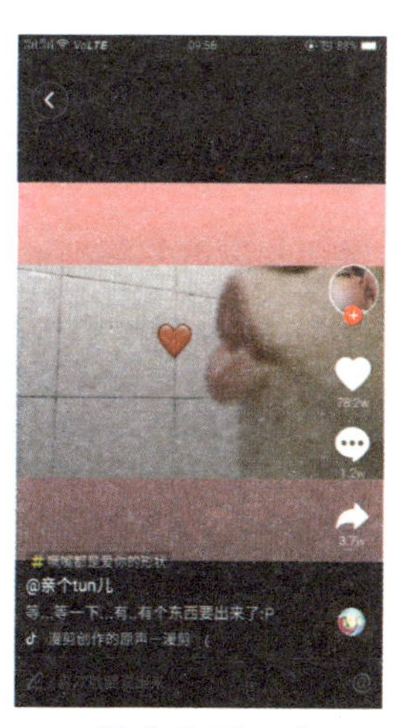

图5-4　抖音主播“亲个tun儿”的爆款视频

1.3 万粉丝，获得了 80 万赞。由此可见，他的粉丝量与获赞数都是“噘嘴都是爱你的形状”这个视频带来的。

5.2.1 好选题是爆款的前提

成功从来不是偶然，爆款也是如此，大部分的爆款视频都经过缜密的策划，而找好选题是打造爆款视频的第一步。那么如何才能找到一个好选题呢？可按照以下的方式进行：

三大原则选好爆款选题

一个视频选题好不好，看其是否符合以下三个原则：

第一，选题受众足够广。抖音主播进入抖音，先要选择细分领域，确定好内容定位以及目标受众，目标受众的细化程度在一定程度上决定了视频产出的内容方向、运营策略。但是对爆款视频来说，定位细分领域却也限制了视频的覆盖面，缺乏大众元素，很难成为爆款。

第二，选题角度能引起共鸣。共鸣越大，产生的传播效果越大。要让视频有共鸣，就要选择大众最痛的痛点。

第三，选题节点足够巧。此处的巧并不是指简单地蹭热点，只有把握好热点的时间节奏与切入角度才能避免内容同质化。

如抖音昵称为“陈千千”的主播，她发布的一个“你要的哭戏全拿走”的视频成为了爆款，点赞量 44.5 万，评论数 2.7 万，转发量 9002（见图 5–5）。哭戏也是很多观剧人士的关注点，互联网上也有不少关于“哭戏”的讨论，可见这个选题的目标受众足够广，不会限制视频的热度。这个视频排在了 2018 年 8 月 1 日抖音排行版前三。

三个步骤打造爆款选题

如何打造爆款选题呢？抖音主播可以按照以下三个步骤进行：

第一，建立选题库。建立一个选题选题库是为长远做打算，爆款视频绝对不是打造一个就够了，所以建立选题库是未雨绸缪。爆款选题库的内容可以来自以下五个方面（见图 5-6）：

图 5-5　抖音主播“陈千千”的爆款视频

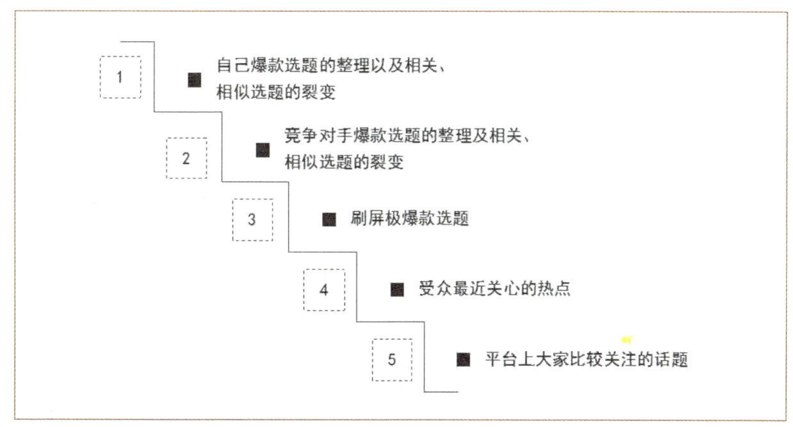

图 5-6　爆款选题库的来源

第二，打造差异化的选题。选题一定要有差异化才可能成为爆款视频，在打造差异化的过程中需要注意两个定位：一是受众定位，前文虽然说到选题的受众范围要足够广，但也不是无限放大，也是要有目标人群。二是特色定位，在选题策划时，要避开同一事件的主流角度，意思就是大家都在说的观点就不要再说了。

第三，对选题进行包装。这个包装并不是指后期的包装，而是指最初的一个小想法，进行细致地打磨。首先要考虑选题的可行性，是否适合通过抖音以 15 秒短视频的形式进行传播；其次，考虑选择什么样的呈现方式，是简单的人物采访还是讲故事；最后，确定要以人还是以物为主角。

5.2.2 爆款的三大必备因素

稀缺感

为什么有的主播做出的视频无人问津，有的主播做出的视频却可以成为爆款，其实对稀缺感的洞察是关键。稀缺感是指拥有少于需要的感觉，饥饿、贫穷、时间紧迫、焦虑都是稀缺感。有研究表明，在稀缺感的作用下，粉丝的注意力就会自动转向未得到满足的需要上。比如粉丝对减肥有需要，那么他就会关注减肥类的视频；如果粉丝对做菜有需要，那么他就会关注美食教程类的视频。所以，抖音主播在打造爆款视频前，首选要明确你的目标粉丝是谁，他们的稀缺感是哪些？这样你才能被智能算法推荐到目标粉丝那里。

冲突感

冲突是故事的根本，没有冲突就没有故事。文学故事上有冲突，视频上也有。冲突就是人与人的矛盾、人与意志的矛盾、意志与意志的矛盾。

比如抖音上“父亲几十年只穿一件 polo 衫”视频达到了 6000 多万次的浏览，400 万个点赞。这个视频能成为爆款是因为这种属于伟大的矛盾，代表着父亲的坚毅的品格以及对儿女深深的父爱。

生活感

视频生活化也是爆款必备的因素之一。视频内容贴近日常生活，才能调动起人们的情感，人们才更愿意关注。并且受众更广泛，除了普通的粉丝以外，媒体人、编辑等各行各业的人士都会被视频所吸引，从而引发更高的转发量。

5.2.3 五个小技巧助力视频成爆款

一个爆款视频的产生不简单，但是只要掌握了一点小技巧，打造爆款就会变得相对简单一点：

第一，构造场景。比如一个抖音视频的内容是“她的长发长近 20 米，最后嫁给了理发师”，这个 20 米就给粉丝呈现了强烈的画面感，后半部分的转折就给粉丝带来了丰富的联想，能将粉丝的思路引至“结果如何”的方向，吸引粉丝持续关注转发。

第二，引起好奇。可以从两个方向入手：一是话说一半，制造悬疑，就像是电视剧在每一集的结尾留个悬念，吸引观众关注下一集；二是制造神秘感，引发联想。可以从抖音视频的文案入手，比如“剩饭的人生巅峰应该是这样的”，只用一句话就引起粉丝联想剩饭的人生到底是什么样，从而继续关注。

第三，提供价值。提供对粉丝有价值的信息，让粉丝在点击之后获得收益。比如技能类视频内容多数是“三步学会×××、15 秒学会×××”，将粉丝的投入产出比量化，使其产生很划算的感觉。

第四，名人效应。意思就是蹭名人明星的热度，比如与明星合拍、与名人进行对话、对唱等等。

第五，关注痛点。把粉丝最关心的痛点信息放进视频，粉丝看到时就会因为避免此类利益受侵害去看。

5.3 互动一次，粉丝增加 N 个

在抖音上与粉丝互动的方式有很多种，包括解释和说明、提问和回答、征集意见、发起话题讨论、不同观点的辩论、发起投票、有奖竞答、竞猜等。每一种互动都有它自己的操作方法和作用。但是，互动的方式虽然很多，可是如果没有技巧，也是“英雄无用武之地”。

图 5–7 抖音主播“趣味逗社”发布的视频

抖音昵称为“趣味逗社”的主播，他发布了一个“请你蹦个迪”视频（见图 5–7），点赞量达到 127.1 万，转发量也达到了 3.5 万，单从这两个方面来看这个视频已经表现得不错。但是看这个视频的评论量却只有 3620，与其他两个数据来看，差异就非常明显了。之所以会出现这种情况，就是因

为该主播没有做好互动。进入他的评论区，只有粉丝的评论，主播并没有在评论区引导粉丝进行更多评论。此外，视频中也没有出现任何能引导粉丝评论的内容。抖音的算法是根据点赞量、评论量、转发量、完播率进行计算的，只有这四个指标都有不错的表现才能被抖音推荐得更多。这也就是这个视频不能成为真正的爆款的原因。

5.3.1 互动时的四个技巧

互动不是简单地回复粉丝的评论，也不是简单地和粉丝在评论区尬聊，而是需要掌握一定的技巧。

第一，表情动作丰富。抖音上除了有短视频，但也有直播，直播是和粉丝互动最好的载体。在直播中与粉丝互动时，一定要表情动作丰富。不少新手在做抖音直播时容易犯一个错误：表情动作僵硬，不够丰富，这也是主播没人气、互动没效果的根本原因。除了多笑，新书主播还要还要考虑更丰富的表情和动作，比如剪刀手卖萌、手比爱心……不要小看这些细节，这些细节可以让粉丝们受到感官刺激，不仅能感受到主播的积极与热情，更容易对主播产生好感，从而加深对主播的黏性。

第二，多说感谢的话。当粉丝对主播有所表示时，不管是送礼物还是言语的夸赞，都要一视同仁，向对方表示感谢。如果能加上适当的赞美是最好不过的，比如："谢谢×××的第二次送礼啦，你真大方！"让粉丝感受到主播的诚意与热情，并有意愿继续互动。需要特别注意的是，如果没有人送礼时，也不能当面要礼物，这是非常让粉丝反感的行为，但是可以采用一些暗示的词句索取礼物。比如"好久没有看到过××礼物了！"以此来提高粉丝送礼的积极性。

第三，建立段子库。不管是直播时和粉丝互动，还是在评论区和粉丝互动，甚至是与粉丝私聊，最好都能保持一定的幽默感。幽默的人一向更让人有好感。但是一些抖音主播是新手，本身也不是那种幽默型的人，就要建立段子库。可以按照一些段子去与粉丝进行互动，当然，不能太过僵硬，表演痕迹过重。

第四，多谈自己的生活感受与经历。没事可以和粉丝多聊一些生活上的小事，这样容易拉近主播和粉丝之间的心理距离。比如最近去哪旅游了，生活上遇到什么困扰了等。

5.3.2 互动时需注意的问题

在互动时需要注意几个问题：

第一，多发起讨论和投票。这种类型的互动方式，可以帮助抖音主播多角度分析问题，能够多了解粉丝的想法，同时也能活跃自己的账号气氛，增加了粉丝的参与感，使粉丝更加喜欢主播。

第二，视频结束后问一个问题，很容易引起粉丝的兴趣，使粉丝参与讨论。

第三，做好监督工作。既然是问了问题，那么就一定要负责任地查看粉丝的每一个回复和评论，自己也要积极地参与讨论。

第四，保持互动时的情绪。有时候有些人可能会“出言不逊”，或者质疑主播，但是不要生气，也不要鄙视对方，更不要随便删除别人的评论。

5.3.3 回复评论的三大技巧

评发是抖音互动、传播的利器，用好这个功能可以和粉丝进行更好的互动，能为主播带来更多的人气。那么，如何用好评论、转发功能和粉丝互动呢？

第一，注意评论语气，学会灵活变通。在评论中的语气要与自己在视频中的语气一致，避免给粉丝造成混淆。在评论或者回复评论时，不能使用一成不变的评论内容，而是要根据不同的情况灵活选取不同的内容来回复。

第二，敏感话题评论要谨慎。在回复容易引起争议的话题时一定要谨慎。需注意两点：一是最好不要主动发布可能会引起争议的评论；二是回复负面信息时，先私信与对方沟通。

第三，重点评论优先回复。当评论量非常大时，首先挑选重点评论进行回复，然后再回复其他。重点评论包括以下四种（见图 5-8）：

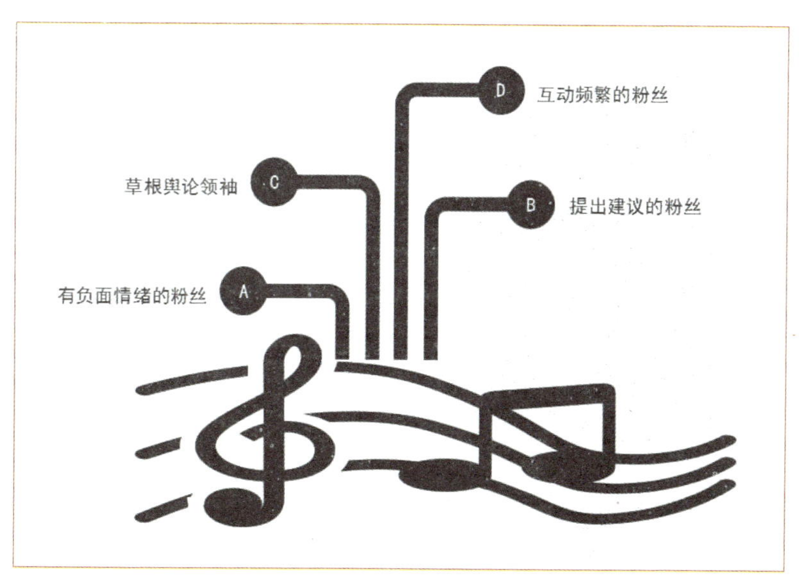

图 5-8　重点评论的四种类型

5.4 击中人性弱点一次，粉丝点赞关注一个

不管是做任何事，只要抓住了人性的弱点就抓住了成功的钥匙。不管世界怎么发展，抖音上流行什么样的内容，只要其内容能戳中人性，就不要害怕粉丝不会关注。人性的弱点真不少，贪婪、恐惧、嫉妒、喜欢攀比、害怕孤独、热爱免费、喜爱随波逐流……每一个弱点，都是抖音主播吸引粉丝的机会。

5.4.1 色欲：用高颜值吸引粉丝

人都是爱美的动物，长得好看的人更容易获得别人的好感。这一点，在各大直播平台上已经得到证明，抖音上也是如此。

素有抖音女神之称的吴佳煜就是典型的代表（见图 5-9）。她长相甜美大方，当下的粉丝已经达到 537.7 万，获赞数 2511.6 万。当然，吴佳煜是一个长得很漂亮，也很有才华的人，唱歌、跳舞、模仿样样都行。性感舞蹈是为吴佳煜获得高赞的关键之一。

图 5-9　抖音热门主播“吴佳煜”

5.4.2 给粉丝实惠，粉丝就给关注

大部分的人都喜欢贪便宜，哪里有便宜哪里的人就会比较多。虽然都知道天下没有免费的午餐，但是依然抵挡不住“优惠”甚至“免费”的诱惑。如果审视自己，就会发现自己常常会陷入“1折起、清仓、免费试用”的套路中。抖音主播在打造视频时也可以利用这一人性弱点，让粉丝感到有便宜可以赚，粉丝自然会关注你。

5.4.3 满足粉丝“虚荣心”，粉丝满足你流量

虚荣心是一种扭曲的自尊心，它是过于自尊的表现，它是一种性格缺陷，是人们为了取得冗余和引起普遍的注意而呈现出来的一种不正常的社会情感和心理状态。在具体行为上则表现为盲目攀比、好大喜功、过分看重别人的评价、自我表现欲太强。

不管是QQ、微博、QQ空间、微信朋友圈等社交网络都是可以是一个炫耀虚荣的舞台。互联网时代，自我虚荣心、自我满足感超出了任何时候。但另一方面，虚荣心有多大，市场就有多大。如果抖音主播能够在一定程度上满足粉丝的虚荣心，那么就不用愁粉丝的关注度。这是一把双刃剑，“度”的把握极其重要。

5.4.4 给粉丝自信，粉丝给支持

每个人都有不同程度的自卑感，这种心理是因为对自己缺乏正确的认识，表现为在生活中没有自信、做事思虑过多、畏首畏尾、没有自己的主见，一遇到有错误的事情就认为自己不够好。

阿德勒认为自卑感第一，指一个人认为自己不如别人的自卑观念为核心的潜意识欲望、情感所组成的一种复杂心理；第二，指一个人由于不能或不愿意进行奋斗而形成的文饰作用。自卑是可以通过调整认识和增加自信心并给予支持而消除的。抖音主播如果能打造出改变粉丝自卑心的视频，那么粉丝就一定会关注你。

5.4.5 你让粉丝积极，粉丝为你积极

它是指某种具体行为中，由外因或者内因影响而产生的不利于人继续完成工作或是正常思考的情感，其与积极情绪相对。消极情绪是因人因事因时而产生的。比如在工作、学习或者生活中遭遇到了挫折；受到了他人的挖苦或是讽刺；莫名其妙地情绪激动等。如果抖音主播的视频能帮助粉丝改变消极情绪，那么粉丝肯定就会关注你。

抖音昵称“天使爱美”发布的一个视频就具备了这种能让人消除消极情绪的作用。视频的内容是一个失去双臂的女孩子在做直播，然后用脚把所有的东西都收拾好放在包里。有一种说法是“看到别人比我惨我就好看，看到比我惨的人还这么努力，那么我应该更努力”。而这个视频正好符合了这一点。

5.5 用情感触动粉丝主动关注

互联网时代，是一个注意力经济时代，但同样的也是注意力涣散的时代，要吸引粉丝的注意力已经越来越难。因此，营销者们各出奇招。纵观哪些成功的营销方案，都有一个共同的特质，就是“走心”——情感营销。情感营销是从粉丝的情感需要出发，唤起

和激起粉丝的情感需求，诱导粉丝心灵的共鸣，把情感融进营销中，让有情感的营销赢得无情的竞争。要想在抖音红海中脱颖而出，获取粉丝的关注，抖音主播也可利用情感营销。

抖音主播在做情感营销时可以借鉴一支名为《爸——其实我们不一样》的微电影，可以说这部微电影为“情感营销”做出了一份教科书般的示范。电影一上线就引发了各大社交圈的刷屏，上线两天视频点击量超过1700万，微博大V强势推广，话题阅读量高达4500万，评论量超过6万，总曝光人群过亿。在各微信公众号同步跟进二次传播下，一周阅读数超过百万。可谓是将情感影响玩到了炉火纯青的地步。

该影片矛头直指一群被主流文化忽视的来自三四线城市的人群，他们是一二线城市奋斗的新一代城市群体，他们有梦想、敢拼搏，急切地寻求改变。他们的父辈大多数在老家平凡的生活，受限与当时的环境，家庭给予的支持更是少之又少。他们会抱怨现实与家庭，但还是会通过自己的努力去改变这一种情况。两代人都一样，想要改变但可能力不从心，他们又不一样，父子两代人可能因为机会的不同而走向不同的人生境遇。此外，该影片精准抓住了“原生家庭宿命论”话题，对每一个平凡人想要改变却力不从心的痛点进行了深刻地揭露，直击观者内心深处。

5.5.1 站在粉丝角度找情感痛点

做情感营销时要站在粉丝的角度出发，去感知他们对视频内容的看法，他们的情绪以及探究他们想要的东西。从自我的角度出发做的情感营销，很容易高估粉丝对视频内容的理解，粉丝看不懂抖音主播做的视频内容，也看不懂视频所表达的感情。

在做情感营销的前期策划阶段，要先把粉丝的情感痛点找出来，然后再看看自己的视频内容能解决他们他们哪些情感痛点。否则，任你的煽情手段再高明，粉丝也无法感同身受。

5.5.2 选择最恰当的情感主张

既然要打情感牌，那么就需要一个贯穿主旨的情感主张。这个情感主张可以是亲情、友情、爱情，也可以是坚韧、顽强、拼搏、自立等一些美好品质。但究竟如何能找到一个最恰当的情感主张，又如何让这个情感主张直接粉丝的心灵？可参考以下两个方法：

第一，要与抖音账号定位紧密相连。其实很多抖音直播都做过情感营销，但是能让粉丝记住或是影响深刻的却并不多，主要原因就是其选择的情感主张与抖音账号的定位没有什么关系。

第二，捕捉较少被商业开发的人类共有情感。梦想、自由、珍惜当下、不要轻易放弃等话题，其实已经被大家用太多次了，再做这类情感营销粉丝是很难引起粉丝情绪的，因为他们早已免疫或麻木。

5.5.3 创造一个巧妙的好话题

要想引起好的效果，那么就要设计一个巧妙的话题，但是需要注意几点（见图 5-10）。如此，话题才能有的放矢、富有逻辑性及感染力，能够引起广泛的共鸣。

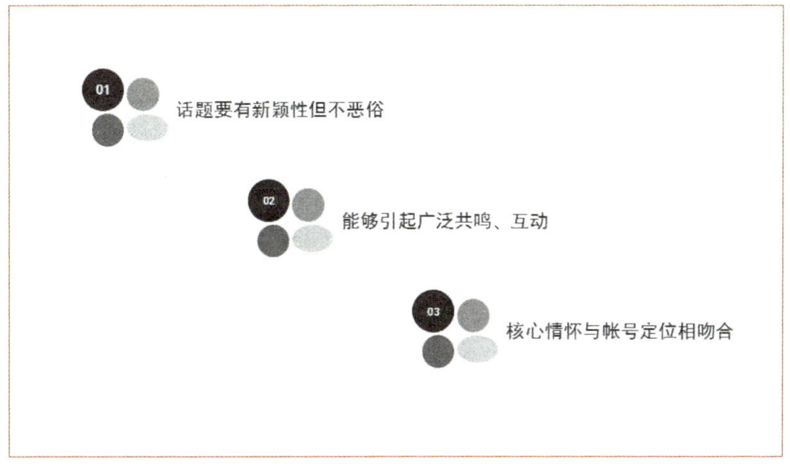

图 5–10　设计话题需要注意的 3 点

首先，情感问题是大家都关注的，因为成年人或多或少都会遇上一些问题。其次，从女生的角度和男生的角度去评价一个异性，会得出截然不同的结果。

5.5.4 眼泪≠感动，别强行煽情

在情感消费时代，越来越多的企业都选择用感情带动营销，但是真正能做好的却很少。很多企业追求一味地煽情，往往是越煽情越遭反感。抖音主播也是如此，认为“让粉丝哭就是情感营销”，其实眼泪并不等于感动，强行煽情是对情感营销最大的误解。不少抖音主播都喜欢用既定的广告套路，每逢主人公的低谷点，一定是回忆+回忆=煽情+流泪，或许这种套路很容易让人流泪，但也不是放到哪里都合适。

5.6 稳定更新+持续输出=粉丝增长

抖音很火，也有不少人想趁着这股风获利，因此也在抖音上开一个账号。但是有 95%以上的抖音主播都被内容的持续输出拦截在门槛之外。主要是因为两个方面的原因：第一，懒，懒得拍视频，懒得做策划，懒得做创意，所以无法持续输出；二是空，指主播江郎才尽了，找不到好素材了，所以索性停止更新。前者，我们很难改变，因为这是个人的选择，但是后者却是可以通过学习一些技巧改变。

抖音上的某主播就明显犯了此类的错误，导致公众号的粉丝以及获赞数一直无法得到提升。该主播开通抖音号已经将近半年时间，但是作品数只有 11 个，其中不乏拥有几万赞的视频，但就是因为更新少，没有持续输出，所以粉丝数一直上不去。即使偶尔新发了一个视频，也因为间隔时间过长，粉丝失去了关注热情，从而导致新视频的关注量急速下降。这一点从其最新发布的一条视频与前面几条视频的点赞数就可以看出，新视频不到 1 千赞，但前面几条都有几万甚至十几万赞（见图 5-11）。

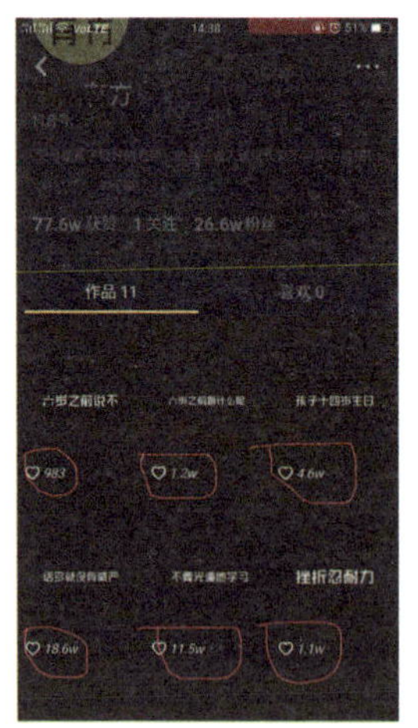

图 5-11　某抖音主播的作品情况

5.6.1 建立素材库

抖音主播想要保持定期定量的内容输出，工作量和工作强度都不小，如果只是靠灵感或者临时查找资料，做一期更新一期，这是远远不够的。建立素材库才是解决这个问题的根本办法。

素材搜集的四大方向

第一，搜集各种新闻。制作热点视频，或者表达自己观点的视频前，一定要搜集各类新闻。像头条号、搜狐、网易、微博这类大的权威性的热门网站，每天都会最快时间发布一些热点新闻。做抖音视频的，速度要快、内容要做准，平时如果有素材积累的主播制作起来就会比较快速和简单。即使一些新闻不是热点，但也要搜集起来，作为素材积累。

第二，搜集电影。搜集经典电影、电视剧，关注其中比较经典的剧情。这对主播做剧情演绎的视频很有帮助。

第三，搜集段子。段子不是一下子就就能想出来的，所以平常要注意段子的收集，以便制作视频使用。

第四，搜集小故事。现在很多抖音主播都喜欢讲故事，但是粉丝们早已厌烦那些陈词滥调的说教文，喜欢看生活感悟的故事。所以，也要注意日常故事的收集，不管是网上流传的，还是发生在自己身边的真人真事。

建立素材库的三大步骤

建立素材库其实非常简单，可以分为三个步骤：

第一，搜集素材。可以通过以下两个方法搜集素材：一是碎片收集。抖音主播每天都会看各种视频、各种文章，接触各种信息，感觉好的就可以搜集起来，可以利用一些工具，比如“有道笔记”“云储存”来做碎片收集；第二，固定主题收集。抖音主播先做好未来一个月的规划，这个月内要做哪些主题的视频，然后根据这些主题做素材收集。

第二，保存素材。收集的目的是为了方便调用，因此需要一些存储工具。这些工具必须具备两大特点：一是全平台支持，二是强大的搜索功能。此外，还要做好分类工作，比如工作、学习、生活感悟、明星、社会热点、搞笑等分类。分类能让主播快速找到相关的素材。

第三，挑选素材。素材收集的最终目的是使用，但并不是所有的素材都适合，因此就要学会如何挑选素材，可按照以下三个方法进行：

(1) 新鲜感。素材有新意，而不是粉丝看了无数遍，刷了很多次朋友圈的内容。

(2) 反直觉观点。是指与日常的观点相反，这种类型的素材可以快速引起粉丝的好奇心。比如说大家都知道吃小龙虾不要吃头，但是有素材却说小龙虾可以吃头，并有科学依据。

(3) 符合自己的主题。在挑选素材时，一定要紧扣自己的创作主题，不要明明是讲苹果，却用了梨的素材。

5.6.2 建立自主知识体系

既然要做抖音，那么就要建立一套关于抖音的知识体系，如此才能运用好抖音，能跟上抖音的发展，同时还能保证自己在制作相关视频时更轻松，拿到素材时更快理解，如此，才不会断了抖音的内容更新。建立自主体系的步骤如下：

明确知识体系的主题和用途

在建立知识体系之前，先要知道自己建立这个体系是什么？用途是什么，为什么要建立它。只有明确这一点，才有方向和动力。比如做生活技巧类视频的抖音主播，他需要建立关于生活技巧的知识体系，用于抖音视频内容的制作，使视频内容更加专业。

找到获取知识的途径

常见的获取知识途径有三种：第一，书本。针对某一领域，进行快速阅读和主题阅读，快速掌握某一领域的基础知识，形成最基础的知识框架。比如生活技能类的抖音主播，就可以去看此类书籍，学习其中的知识体系。第二，课堂。不管是线上还是线下都有各种各样的课程，主播可以选择适合自己的学习方式。比如现在有很多教英语的抖音主播，那么就可以报名相关课程，除了多学习英语，也可以学习他们的教课方式。第三，网络。互联网时代，网络已经是生活必需品，很多东西都可以在网上找到，相关的知识也是如此。

知识的整理与分类

这是知识体系建立的重点内容，也是实施起来较为困难的地方。除了按照逻辑与层次，也要分出尽量详细的项目类别。这一点与素材库的分类与整理一样，就不过多赘述。

知识的输出与运用

在对知识进行时输出与运用时，需要注意以下两点：第一，不能把碎片化的知识不思考地投入使用，要进行整理分析后，形成可行方案。第二，不能教条化地使用知识。在使用的过程中，要及时判断它是否有效，同时还要根据实际情况进行调整。

把握知识动态，及时更新体系

一个好的知识体系，缺少不了及时有效的更新，抖音主播要根据实际情况不断对其进行补充，使之更加完整可靠。特别是对于“知乎类”的抖音主播来说，知识更新更是必不可少的。

5.6.3 保持持续更新的五个小技巧

除了要建素材库、建立自主知识体系之外，还有一些小技巧也能让抖音主播的持续更新的工作变得相对简单，可总结为以下五点。

第一，以简单为主，不要太复杂。剪辑视频时，不要加太多内容，只要点缀即可，片头、片尾、音乐、特效能模板化就模板化。

第二，以时间为核心策划内容。只做符合抖音 15 秒时间的内容，超过的可以先不选择；如果实在讲不完，那就将之变成系列短视频。如此，既保证了账号的更新工作，又提高了粉丝的黏性。

第三，深挖内容。深挖专注自己领域的内容。如此，既保证了视频方向不会跑偏，又能把视频变得更有深度、更专业，同时还保证有足够的素材持续更新视频。

第四，精简话题。一个视频只说一个主题，多了，粉丝记不住，还会显得内容很混乱。

第五，精简内容。一定要把最好的部分放进视频，把精华留下，没有必要存在的部分删掉。

6 CHAPTER 推广：不懂营销，抖音怎么玩都火不了

有了定位，也有了素材和视频，接下来你需要做什么？推广，没错！没有推广营销，你的抖音内容再好也很难火起来。如何增强抖音的影响力？蹭热度，大号推小号，评论引流，社群推广，音乐平台推广，微信、微博、QQ推广，挑战活动等营销方式齐上阵。做到这些，你的抖音想不火都难。

6.1 蹭他人热度，增自己的影响力

抖音短视频发布之后，你最想得到的结果是什么？点赞百万，疯狂转发，让大家关注你。要做到这些，你必须要懂得营销。首先，你要学会蹭他人的热度，来增强自己的影响力。

2018 年 7 月俄罗斯世界杯期间，无论是微博还是微信，还是其他平台，热度最大的话题就是世界杯。很多人在现场看球发布抖音短视频获得了几十万点赞，也有人在抖音短视频进行预测，吸睛无数还有一部分人紧跟世界杯的热点来推广自己的抖音。

例如有一位抖音主播，本职工作是二手汽车营销。他在抖音发布了很多关于二手汽车的短视频，大部分都只有几千人点赞，效果并不好。后来，他借助世界杯热点，发布了一条关于二手法拉利的抖音短视频，文案是“感谢世界杯”。这个视频其实并没有太多的花样，却因为有世界杯热度，在短时间内获得了 70 多万点赞，成为他所有抖音短视频中热度最高的一条。

这个抖音也为他赢得了上万名粉丝，更重要的是他的二手汽车生意也越来越被粉丝关注。

事实表明，抖音视频想要红，需要借助外在的热度，给你的视频加一点料。

下面来看一下，抖音短视频该如何蹭他人热度。

6.1.1 掌握抖音蹭热度的方式

抖音视频蹭热度的方式一定要正确，否则会显得杂乱无章，效果不会好。

第一，要从热点本身出发。每一个热点出来之后，往往都会快速吸引一大批关注的目光。这时候，你需要从热点本身出发科学地“蹭”。

先要知道哪些是热点，哪些可以蹭。我们以 2018 年俄罗斯世界杯为例。看似这一场足球盛宴，什么都能成为热点，但是并不是什么都可以蹭。

负面的不要蹭，过时的不要蹭，政治话题不要蹭。

那么对于这届世界杯而言，应该蹭什么呢？有以下四点（见图 6-1）：

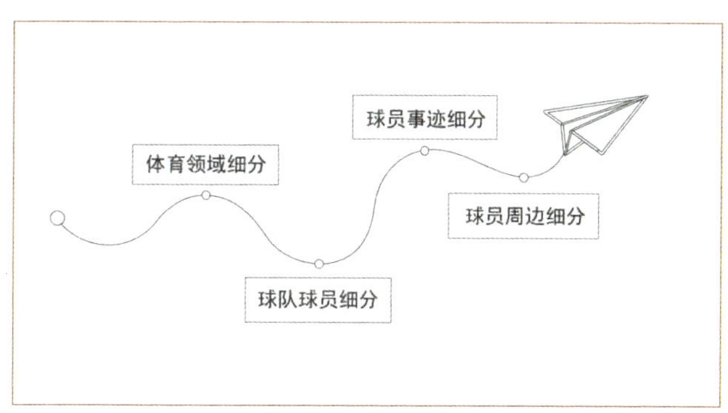

图 6-1 世界杯蹭热度的点

抓住这几点来进行蹭世界杯的热点，就可以轻松地在抖音上呈现出一个极具热度的视频。

第二，学会借势。发布视频时加入“世界杯”的热点信息，例如文案、封面都可以带有“世界杯”的字眼，吸引粉丝关注。

第三，通过对比衬托出自身的优势，表现独特卖点。

6.1.2 蹭热度的关键点

(1) 速度要快。热点事件往往都会在短暂时间内火爆，一段时间之后就会消沉，新的热点就会代替前面的热点。所以，我们一旦抓住了一个热点，就必须在速度上把握好时机，快速出击，才能掌握主动权。

(2) 互动性要强。在抖音中利用热点来发送短视频时，要注意加强互动。

(3) 文案要有创意。无论我们蹭的是什么样的热点，在抖音短视频中应该加强创意展现，尤其是文案上的凸显。我们不能只是把热点拿来复制粘贴在抖音短视频的文案上，还应该加强其文案的创意性。

例如一个做厨师的抖音主播，参与拍摄了一个手工雕南瓜的绝活视频，他雕刻了一个大力神杯。为了让这个视频火爆起来，该主播在发布视频时在文案上做了创意，即“又一届世界杯，给咱国足雕了一个大力神杯”（见图 6-2）。

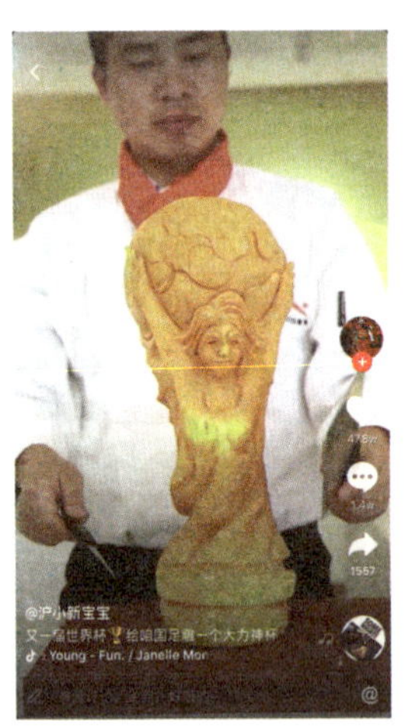

图 6-2 借助世界杯热点的抖音视频

这个视频果然在短时间内就火爆起来，借助世界杯的热潮，获得了 47 万点赞，同时这个厨师也得到了十几万粉丝的关注。

6.1.3 抖音蹭热度的正确姿势

蹭热度是一种很常见的营销方式，然而很多人认为只要能和自己的行业、企业扯上关系，无所不用其极，其实是不对的。下面看一下关于在抖音上蹭热度的正确姿势。

热点事件和“我”有关联

事实上，只要热度和你有关联，你就可以蹭。但是千万不要没有关联也要硬扯，否则你的推广会显得非常生硬，而且粉丝也不会买账。

分辨热点的坏声音和好声音

有的营销运营理论认为先把热点蹭了再说，坏声音好过没声音。但是，现在粉丝需要的是正面的信息，那些坏声音可能短时间内能让你知名度大增，但是却不能长久带来流量，甚至会使粉丝流失。

不管是做生意，还是做企业，多点正能量才会被认可。在抖音平台上，你代表的是你自己，也可能是企业，或者品牌，所以什么该做什么不该做，希望可以正确对待，务必要给自己的产品或公司树立一个比较正面的形象。

此外，我们在蹭热点时还应该要优化热点，让你的抖音内容更具深度，这样才会易于品牌价值文化传播，并且可以作为一个起点来建立属于自身的“热点”。

6.2 用大号推小号，引起关注

抖音营销中，还有一种方法有效且简单，那就是用大号来推小号，从而引起广泛关注。

我们以“PS之光”为例，看一下这个拥有125万粉丝的大号是如何运作的。

点击这个抖音号，进入其主页面，首先我们看到的是该抖音主播发布的一系列的短视频列表，每一个视频都在讲述PS的学习教程，这些视频有些点赞几千，也有些点赞几万。并且它的介绍栏中这样写着：“还有@PPT之光@Excel之光@Word之光@收纳之光，一起学习。”（见图6-3）

图6-3 PS之光抖音主页

图6-4 PPT之光抖音主页

当我们点击关注 PS 之光时，主页面立刻就给我们推送了更多关于 PS、绘图等办公软件的抖音号。

根据这个抖音号的推荐，去搜索“PPT 之光”，发现排在首位的是“@PPT 之光–冯注龙”，其粉丝量为 49.8 万，点击进入主页面，会发现这个抖音号呈现出来的抖音视频和“PS 之光”一模一样，其区别就是一个是 PS 教程，一个是 PPT 教程（见图 6–4）。

同理，我们搜索 @Excel 之光、@Word 之光、@ 收纳之光也得到一样的结果。很显然，“PS 之光”作为大号利用其众多粉丝数量和知名度来推广自己的小号，并且每个小号在其推广下粉丝均都在几十万以上，效果非常显著。

这样的做法不但增加了各个抖音号的粉丝，而且为该企业形成了一个系统的连锁抖音号，久而久之，“PS 之光”会越做越大，还可以做线下实体教育，在线教育等。

6.2.1 选择与大号有关联且具价值的小号推广

用大号来推广小号，做法很简单，但是并非所有的小号都可以推广。大号之所以会积累那么多粉丝都是用心经营出来的。一旦你推广的小号质量很差，而且毫无营养价值，粉丝不但不会关注你的小号，而且还会对大号失望，甚至脱粉。

因此，大号在推广小号时，一定要注意其关联性和价值。

第一，关联性。这个小号一定与你的大号有所关联，具体表现为（见图 6–5）：

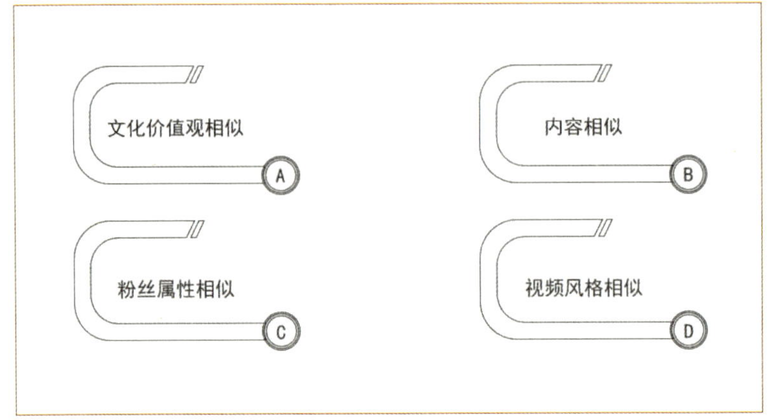

图 6–5 关联性的表现

就好比上述的“PS 之光”，是一个讲述办公绘图软件的抖音号，所以这个大号才会推 PPT 之光、Word 之光（同样是办公软件）。这样就形成了视频的关联性，用户既然想要学习 PS，就会想学习 PPT，也会对 Word 的功能感兴趣，这就形成环环相扣的体系。再比如，大号是推广时尚讯息的，那么推广的小号一定也具有时尚品位，如美妆、服装搭配、香水、首饰等。

第二，价值。推广的小号有了关联性，还需要考察它的价值。如何体现出优质呢？

(1) 可以给粉丝带去实用价值的；

(2) 戳中用户痛点的；

(3) 简单操作的；

(4) 具有正面引导意义的。

具备了这几个价值特性之后，你的小号就非常值得推广，而且也会被大号的粉丝关注。

6.2.2 首页介绍推小号

完美地搭建了符合推广标准的小号之后，接下来就是进入落地实操地推广。应该如何做呢？

最重要的一点就是要把握好粉丝的视线关注点。粉丝打开你的账号第一眼看到的是什么？毫无疑问是头像、介绍、视频列表。如此一来，我们就找到了最佳的推广小号位置——介绍栏。

在介绍栏中，通常用一句话来介绍自己。这是抖音主播的标签，也是抖音主播的宣言，往往体现出了抖音主播的个性，粉丝也非常关注这一点。此外，这一句话介绍也会第一时间出现在搜索列表中。

因此，在这一句话的介绍中，把小号巧妙顺势地推广出来，顺理成章，上述的“PS之光”就是这样做的。

6.3 通过抖音评论区引流

我们还可以在抖音的评论区多做文章。例如先注册几个小号，然后专门去寻找跟自己定位相似的且粉丝众多的大号，进行评论，发送提前编辑好的引流话术（话术一定要特别，才能吸引人）。

美动态服饰是广东一个专门做大码女装的服装品牌，入驻抖音之后发布了一系列的视频，获得了好评如潮。还要归功于视频的两个女主角（微胖的女生）的搞怪表现，她们完美地呈现了美动态服饰的特点，从而俘获了大量粉丝。

例如该抖音号有一个点赞超过60万的短视频，且不说这个视频内容如何，但是该抖音号最突出的是女主角穿的连衣裙。在上万条的评论区里，大家都在留言“同款裙子去哪里买？”这时候，有一位叫“大码美妆”的粉丝这样回复：“我店里有卖这款裙子，今年最火爆款。”

很多粉丝看到之后，只要点击这个抖音号，就可以进入他的抖音页面。在这个抖音页面中可以看到很多关于“大码美装”的视频，只要粉丝喜欢就可以一键关注。同时，在这个抖音页面中还有店铺的微信号，粉丝只需要添加微信就可以购买。

这个“大码美装”利用评论区顺利实现了引流，这样的方式简单方便。当然了，利用评论区来引流推广的方式还有很多，其注意的地方也很多，下面我们就来详细解析。

6.3.1 评论区引流的话术表达要“软”

在大号的评论区做引流，方法看上去很简单，但是很多人的评论都石沉大海，根本收不到效果。为什么？

因为你不懂得用话术来“勾引”粉丝，即学会有效的评论话术。

我们不能打无准备的仗，下面是专业的话术引流定位：

第一步，确定你要引流的人群是什么人群。

第二步，此类人群的特质。

第三步，拿什么和他们产生共鸣（引流的噱头/方式）。

粉丝都很讨厌广告，甚至只要看到就会拉黑，因此，我们在大号的评论区进行引流时，一定要注意定位分析，避免硬广。

例如下面两个对话（见图 6-6）：

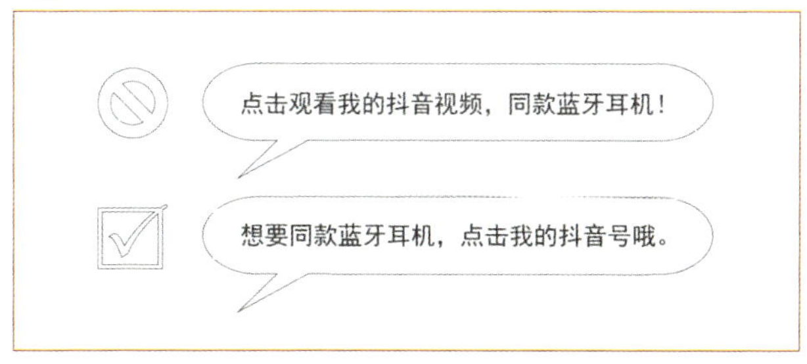

图 6-6　硬广抖音评论和软广抖音评论

很明显，软广评论更容易让粉丝“上钩”。

6.3.2 评论区头像和名字要专业

在抖音大号的评论中引流，还需要注意一点：头像和名字要专业。有些抖音号的名字太通俗，甚至低俗，难以说服粉丝点击。

做得好的抖音大号，名字和头像特别讲究，会根据自己发布的抖音内容来选择专业的头像和名字，头像有下列几个特征：

（1）体现出你的抖音内容或者评论。你的抖音头像一定要与你发布的短视频内容以及评论有关联性，否则驴唇不对马嘴，粉丝很难去主动点击。

（2）调性要高大上，拒绝粗俗低级。任何社交媒体的头像都要拒绝粗俗低级的头像。

（3）头像颜色要舒服。很多抖音号的头像颜色非常刺眼，或者十分黯淡，两者都不能很好地吸引粉丝关注。我们必须要照顾到粉丝的视觉感受。在众多抖音评论区，哪种颜色会让粉丝看上去比较舒服呢？答案是绿色和红色。绿色是公认的最科学化的颜色，可以给人带去温和的视觉感观，而红色可以很好地衬托出评论区的黑色。众所周知，黑色是抖音评论的第一大背景色，与其对应的白色会显得格外刺眼，粉丝很可能会一闪而过。红色无论是在色彩搭配还是心理色彩学的分析上，都呈现出了它独特的优势。

(4) 个性化，极具创意的头像更具吸引力。头像必须够个性才能吸引人们的关注。

(5) 直接使用文字或者 logo。很多抖音主播非常聪明，直接把名字和 logo 放在了头像上。这样很吸引人注目，但是也要注意。例如文字不能过大，也不能过小，字数不能过多，字体最好是宋体或者黑体，最好不要五颜六色。如果使用 logo 也尽量要让整个 logo 都包含在头像内，不能让 logo 过大，显得头像设计太拥挤。

抖音号的名字要符合下列几个特征：

(1) 名字最好控制在 5 个字以内。过长的文字不易让人记住，粉丝看过就忘记，无法形成深刻印象。

(2) 名字里面最好有英文字母，具有英文字母的名字看上去高端一些，而且也会让你更显得专业。

(3) 名字里最好不要出现表情、符号。名字里出现各种表情和符号，会让你的名字显得非常混乱，不成体系，也不专业。

6.3.3 引流过程和结果同样重要

很多抖音主播在一些大号的评论区利用话术和头像等技巧成功吸引了一些大号粉丝的关注，自此很多人就以为引流结束，其实引流的结果同样重要。

把粉丝引到你的抖音号中之后，还必须要给粉丝带去货真价实的东西，不能欺骗粉丝。你要更加细心地操作你的抖音号，要让粉丝觉得没有白来，这样才能实现评论引流的完美闭环。

6.4 任何群都别放过，社群粉丝更精准

推广抖音号的一个有效方法就是通过社群推广。社群已经成为粉丝增长最有效的方式之一。抖音主播建立社群的目的也是增强粉丝之间的黏性，基于同一习惯或者爱好，聚合在一起的粉丝会在交互中产生聚心力，从而提高粉丝留存率。有了粉丝留存率再利用这部分粉丝去影响更多的粉丝。因此，我们想要抖音号更加红，就必须抓住社群的力量。

有一个做时尚好物推荐的抖音主播为了可以让自己的抖音号火热起来，在微博、微信、QQ等阵地广泛加群，然后在这些群内推广自己的抖音号。

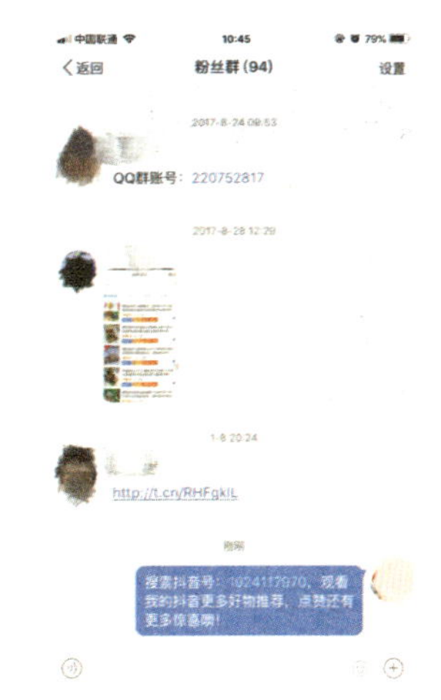

图 6-7　抖音主播在微博群内推广

例如，该抖音主播在微博的一个粉丝群内发布了这样一条信息："搜索抖音号：1024117970，观看我的抖音更多好物推荐，点赞还有更多惊喜噢！"（见图 6-7）

该群是微博的一个时尚粉丝群，群内虽然成员不多，但是其定位非常精准，活跃程度也很高。而该抖音主播做的正是时尚推荐，所以定位精准符合该群的属性。

该抖音主播不但加入了一些微博群，还加入了很多微信大群、

QQ 群，宣传自己的抖音号。

此外，该抖音主播还建立了一个微信群，名称为“好物推荐抖音群”，在群里不断和群成员互动达成友好关系，而且还使用小号在群内发布抖音二维码页面（见图 6–8）。不定期在群内进行发红包、链接，吸引了众多粉丝，获得了粉丝关注。抖音主播还利用一些小号在群内与粉丝幽默聊天，搞好了粉丝关系，粉丝也为该群拉入了更多的人。

图 6–8　抖音微信群

通过微博群、微信群、QQ 群等推广和营销，该抖音主播的粉丝大增，而且粉丝都比较精准，不容易流失。

所以，运营抖音还应该注重社群的威力，下面来详细剖析一下抖音主播应该如何利用社群来推广。

6.4.1 清晰定义社群粉丝群

想要在社群内做好抖音推广，第一步就是清晰定义目标用户群，并且充分了解他们。

举个例子，如果你是做英语教育的抖音，核心用户群就是那些想要学习英语的年轻人以及学生等，这些人也就是社群推广的对象。我们还可以通过百度或者各类问答社区、QQ 群等，潜伏在他们周围，通过各类现有的网络信息资源，充分了解目标客户群。了解这些目标用户按每天做什么，都关注什么问题，经常出没哪些网站，他们最喜欢讨论的内容是什么。只有了解得更多，才能有针对性地做社群推广工作。

6.4.2 思考可以打动社群粉丝的痛点

有了目标群体，接下来我们就要努力思考打动用户的产品功能点、需求点、痛点。

前一步我们已经讲到，通过各种网络社群、网站收集他们的日常生活轨迹，更接近并了解我们的目标用户群、客户群。围绕着相关信息，我们要进行抽象、总结、思考，最终得出有效的打动他们的产品功能点。

事实上，在这个过程中，我们很可能会发现对方的伪需求伪痛点。那就应该怎么办？要经常与目标用户群互动，进行情感交流，并通过各种方式来试验这个痛点是否正确。最好的方法就是如同上述抖音主播一样，利用小号来“打探”，潜伏在他们身边，收集更多的详细信息。

6.4.3 围绕粉丝群的痛点，编写推广文案

还要构建一个与之不同的运营推广框架。列出这些与众不同的能打动目标粉丝群的宣传点，把这些宣传点包装成文案、软文内容，梳理出推广运营方案，或者其他的运营框架。

接下来就要执行推广，向目标粉丝出现的社群投放文案内容。

当我们前面的分析、策划足够全面、详细，市场调研足够深入的时候，我们才能通过文字、执行推广的话术等，有效引导社群粉丝，按我们的推广套路走。

6.4.4 通过数据检查社群推广情况

社群推广的结果很重要，我们需要通过数据统计交互情况。

有些数据可能需要技术支持才能拿到相关的数据报表。特别是做 H5 活动，都是需要做好数据埋点的。

我们通过现有的数据运营报表系统或者数据埋点来收集到数据，还需要按我们的目标来整理收集到的相关数据。然后进行汇总，形成数据报表和分析图表，分析社群推广的成败。

只有数据才能真实反映出本次社群推广的效果，也才能知道自己在哪个推广环节比较薄弱，哪里有优势。

6.5 音乐平台推广，音乐与抖音更配

利用音乐平台来推广抖音号，是一个非常前卫的方法。

首先来分析一下音乐平台的属性，以网易云音乐、虾米音乐和酷狗音乐为例，看一下他们的特点（见图 6–9）。

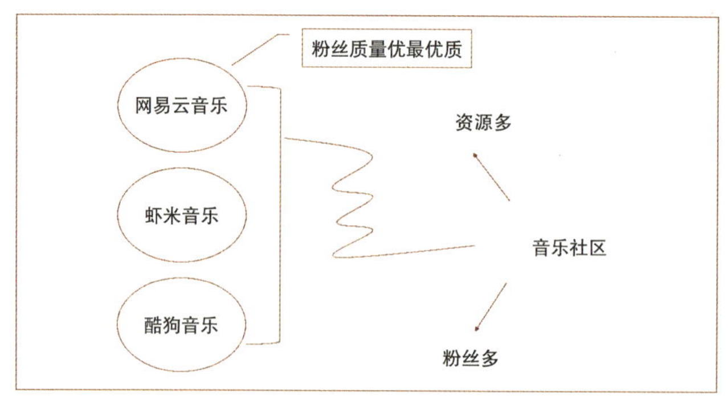

图 6–9　三大音乐平台的特点

网易云音乐的口碑很高，是很多音乐的首发选择平台，用户的互动率也很高。网易云音乐上面有很多歌曲的评论都是上百万条，通常热门评论的点赞数都是几十万，可想而这里面的流量有多大。

因此，我们可以通过音乐社区平台来宣传和推广自己的抖音。

看看下面这个抖音主播的做法。

徐秉龙是抖音的一位原创音乐人，也是火热的抖音主播。在茫茫抖音中，有很多原创歌手，为什么徐秉龙可以火起来呢？因为他懂得善于运用网易云音乐平台来推广自己。

2018 年 7 月，徐秉龙凭借原创歌曲《白羊》获得了抖音“看见音乐计划”活动的最佳演唱音乐人第二名（见图 6–10）。

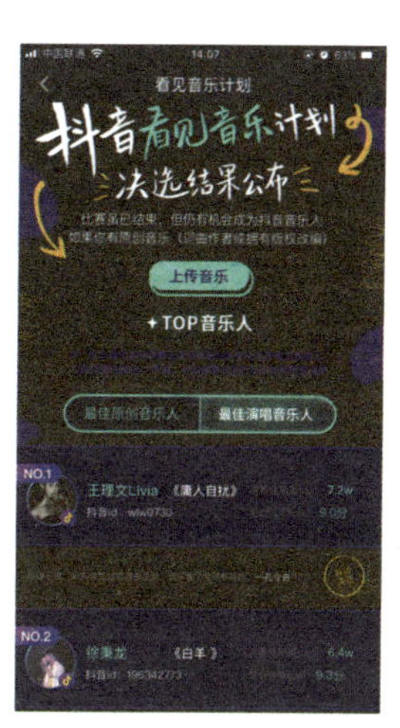

图 6–10　徐秉龙《白羊》获得抖音“看见音乐计划”第二名

“看见音乐计划”的活动规则就是上传自己的原创音乐到抖音，通过决赛使用量数据和明星导师的评分来决定名次。

为了宣传自己的抖音号以及在抖音上的原创音乐，徐秉龙在网易云音乐平台上也下了很多功夫。在网易云音乐平台的动态页面上，他在《白羊》这首歌的评论区和粉丝互动，推广自己的抖音，吸引了几万粉丝前往抖音搜索“徐秉龙”，并使用《白羊》来拍摄短视频。

通过这样的方式，徐秉龙的《白羊》才能在抖音的“看见音乐计划”中以第二名的优秀成绩成为众人关注的焦点。

2018 年 7 月底，徐秉龙又创作了新作品《心事》，这首歌在抖音和网易云音乐平台同步发布，获得了十几万人下载。而他在网易云平台中更是变着花样地推广抖音号。

他在抖音中上传了一个短视频，被很多粉丝吐槽不够白，希望徐秉龙使用美白效果。于是，他在网易云平台的社区转发了抖音的这个短视频，并且发出了这样的互动：“有没有人教我一下美白用什么 app”（见图 6–11、图 6–12）。

这个视频吸引了 97 万人观看，徐秉龙还在评论中说被自己的抖音粉丝吐槽不够白，并发布了自己的抖音号粉丝评论截图。

这种方式获得了网易云平台粉丝的大力点赞，粉丝纷纷提出

图 6–11　徐秉龙发布的抖音视频

图 6–12　徐秉龙在网易云音乐平台发布抖音视频推广

美白 APP 建议，并且希望徐秉龙可以继续在抖音发新歌等。徐秉龙的这种搞怪性格和幽默互动吸引了很多网易云平台粉丝，更吸引这些粉丝去抖音关注他。

从徐秉龙的案例中，我们可以看出抖音在音乐平台的推广是有效的。然而，大部分的抖音主播并不像徐秉龙一样有名气，那么一些抖音小白该如何借助音乐平台来推广自己的抖音号呢？

6.5.1 音乐平台评论推广

想要在音乐平台上获得推广成功，有一个重要的方法就是在音乐平台发表评论进行推广。

第一步，找到抖音音乐平台上的热门歌曲。

打开抖音拍摄视频，点击“选择音乐”会看到抖音音乐分类列表。在这里有众多抖音音乐热榜。包括热歌榜、飙升榜、原创音乐等。我们首先要知道什么歌曲在抖音广受欢迎。

第二步，在火热的音乐平台找到这首歌。

前往网易云音乐、虾米、酷狗音乐、酷我音乐、QQ 音乐等最火热的音乐平台找到这首歌，并且观看热门评论。

第三步，在音乐评论区巧妙推广。

评论时需要注意两点：

(1) 评论时需要组织好话术，让这首歌的粉丝更加关注，并且推你上热评。最好需要与歌曲有关的评语，这样才能够引导粉丝。

在《学猫叫》的歌曲下面有一个这样的评论：“抖音来的，搜索抖音号 1024117970，跟我一起学猫叫舞蹈吧。喵喵喵……”(见图 6-13)

图 6–13 抖音主播在《学猫叫》的音乐平台做评论

这样的评论不但准确引出了抖音号，而且还体现出了俏皮可爱的一面。

(2) 评论时，我们的头像、名字和主页都要得到曝光，起到引流效果。

在音乐平台评论抖音热歌时，需要把我们的头像和名字做一番设计，最好与自己的抖音主页相似，这样才会让人印象深刻。

6.5.2 在音乐平台发布主页动态

我们以网易云音乐平台为例。

网易云音乐 APP 有一个类似于微信朋友圈的功能——朋友。点开发动态，就会跳转出一个页面，可以添加一首单曲，然后发布照片以及 140 字以内的内容，这种模式微博有相似之处。选好内容，点击发布即可。

同时，我们还要随时关注抖音的一些热门消息。例如在抖音上特别流行《我们不一样》这首音乐，粉丝也纷纷借助这首歌作为背景音乐拍摄视频。我们就可以在网易云音乐选择这首《我们不一样》，然后配上一张创意十足的图片（可以是你抖音主页的照片），然后写下 140 字以内的话。这样的推广很快就会得到转发和评论。

另外，网易云音乐平台还有一个上传视频的功能。所以，我们可以把在抖音的一些短视频发布到网易云音乐平台，更直接推广自己的抖音号。

6.6 两微一 Q，社交软件巨头影响无限大

抖音是一个短视频音乐平台，人气旺就会获得更多点赞，会有更高知名度，还可以成为抖音红人。有了人气和知名度之后可以和平台签约，还可以做商业营销。想要大红，就离不开多方推广和营销，其中微博、微信和 QQ 社交平台的推广更是非常关键。

惠子 Ssica 是一个业余舞蹈爱好者，平常喜欢发布一些跳舞的视频在社交平台。她在抖音上的粉丝量高达 795 万，积累获得 3700 万点赞，每个短视频都有几十万甚至上百万的点赞。

很多人都想知道一个业余舞蹈爱好者为什么会在抖音有如此多的粉丝？事实上，这与她懂得利用微博来推广引流是分不开的。

第一，利用微博与粉丝互动。如果说抖音是她发布短视频的地方，那么微博就是惠子 Ssica 的大本营。她利用微博与粉丝互动，表达对粉丝的热爱，不定期在微博发送福利。粉丝看到了惠子 Ssica 的诚心，更加确定无疑地持续关注她。

第二，在微博发布一些生活片段。惠子 Ssica 还利用微博发布自己创作舞蹈时的花絮和心情，表达自己的想法。这让粉丝更加近距离了解和接触她，更让粉丝看到了她的努力和坚持。

第三，利用微博大 V 来推广引流。惠子 Ssica 还与一些微博大 V 合作，让大 V 在自己的微博中推广她。例如在微博上有 100 万

粉丝的“抖音红人站”就曾在自己的微博中推广惠子 Ssica 的抖音号，在微博中这位大 V 还特别赞赏了惠子 Ssica，引发了很多人转发和关注（见图 6–14）。

利用微博推广的方式，惠子 Ssica 的抖音知名度越来越高，吸引了很多年轻人的关注。

由此可以看出，社交平台背后的人气和火热是不能忽视的，做抖音离不开这些社交平台的推广。

图 6–14　微博大 V “抖音红人站”推广抖音女孩惠子 Ssica

6.6.1 微博推广，最重要的是超话社区

微博推广的方式中，除了上述惠子 Ssica 运用到的三种方法之外，我们还要知道其他的技巧，如下面几种方法（见图 6–15）：

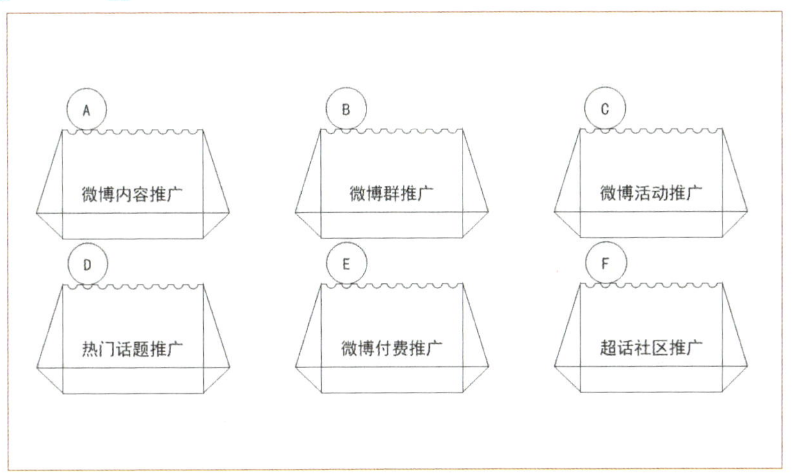

图 6–15　微博推广的方法

接下来我们重点说一下如何利用微博超话社区推广。

所谓超话社区，也就是微博用户搜索量、阅读量、发帖量、粉丝量比较高的一些话题。那么，怎么找超话社区呢？

第一步：打开手机微博客户端，在发现一栏中可以看到“超话社区”选项。

第二步：进入超话社区，我们可以看到很多超级话题。接下来我们可以根据自己推广的产品来选择相应的话题。例如你是做餐饮的，那么就可以关注“餐饮”“美食”等超级话题，然后去发帖引流。

下面是具体的推广思路：

（1）发帖。直接编辑好内容，点击“发布”就可以在超级话题中发布短微博。发完信息，可以把话题内容同步到自己的微博中，以此方便我们查看帖子的阅读量。阅读量越大，说明我们帖子受关注度就越高。

(2) 发头条文章。这需要我们用到微博的电脑端。发头条文章时对标题、内容、插图要求比较高。内容是核心，如果你的内容没有吸引力，粉丝是不会关注的。

所以，我们尽量要原创有价值的内容，做好价值输出。发完信息，可以把话题内容同步到微博，方便我们查看帖子的阅读量。

(3) 顶帖。这是一个非常关键的步骤，而且是决定推广引流多少的一环。微博超级话题，它默认帖子顶置的规则是帖子更新的时间。

所以，如果我们想让自己的帖子排名第一，需要不定时更新，回帖。回帖有一个很重要的技巧，每次回帖的内容必须变化，不能复制粘贴。否则，微博官方就会对此封号，限制你回帖。

定时刷新回帖，这样可以保证你们的帖子排名靠前，让更多的粉丝看到并关注。

(4) 设置粉丝自动回复功能。当我们的帖子被顶到了前面，就会有粉丝给我们的微博发私信。这是一个很关键的推广引流部分，我们如何将他们成功引流到自己的抖音呢？需要设置微博粉丝自动回复功能，可以把你的抖音二维码或者抖音号内容设置在微博粉丝自动回复中，这样粉丝就会主动看到你的留言，从而扫码关注。

6.6.2 QQ 推广，注重细节小技巧

QQ 是现代每个人办公、日常生活交流必不可少的一个社交软件，它让人们的社交更加方便，同时 QQ 也是非常好的抖音推广工具。

利用 QQ 来推广抖音时，最重要的是细节上的小技巧。

（1）巧妙设置 QQ 头像，昵称。QQ 的头像、昵称是网络流量入口，我们需要根据自己的抖音性质来设置，把 QQ 号名称设为抖音名称，把 QQ 头像设置为抖音头像等。

但是，无论如何设置，你的 QQ 头像和昵称都需要满足三个要素（见图 6–16）：

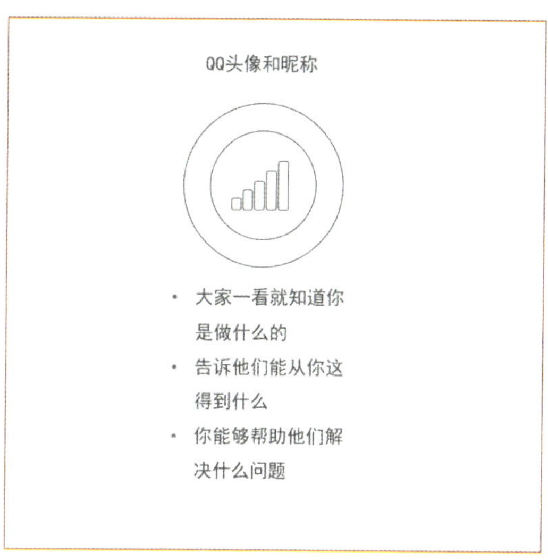

图 6–16　QQ 头像和昵称需要满足的三个要素

（2）提高 QQ 日志浏览量。QQ 日志也是抖音推广的一个好方法，这需要我们每天重新编辑日志文章，再点击下方更新动态，你的日志就又会变成一篇新的文章展现在别人面前了，

（3）QQ 空间送好友礼物。我们可以批量发送礼物，礼物会在别人登录 QQ 的时候自动弹出来，而且是强制性，对方必须点击查看才能消失。

那么在里面我们可以做足留言内容。例如在留言中加入抖音号，抖音视频内容简介，抖音二维码链接等。但是这种方法不可太频繁，否则QQ官方会视你为恶意操作。

(4) 个性签名。QQ的个性签名是推广的一个重要环节。你可以设置成跟QQ空间说说同步，只要你有说说更新，那么你个性签名也会更新。在个性签名中加入抖音的内容就可以让别人一目了然，这是一个不错的展示。

(5) QQ空间评论。我们还可以每天手动去评论别人的日志、说说，那么别人只要登录QQ，就会看到你在对方空间留下的信息。

(6) 每天加好友、加群。想要实现QQ的推广，你还需要加一些好友和群，这样能大大增强我们的抖音曝光率。

6.6.3 微信推广，朋友圈、微信群、公众号齐上阵

随着微信的普及，微信越来越多地成为人们社交的必备软件，所以微信推广很有必要。

(1) 朋友圈推广。我们可以在朋友圈内发布抖音短视频。方法是直接把抖音中的短视频分享到朋友圈，这样你的朋友圈好友就可以看到你的抖音消息。如果你的视频有趣好玩，朋友圈好友就会关注。当然，这种方法不能太过频繁，否则会被朋友圈好友屏蔽。

(2) 微信群推广。在自己已经加入的一些微信群中定期发布自己的抖音消息和视频，增强自己的存在感和曝光率。当然了，这个朋友圈推广有一个共同之处，那就是选择视频发送时，要有质量，同时不能频繁发送，否则会被群主踢出群。同时也要注意时间点。一般要选择在晚上黄金时间或者中午午休时，这样可以调动人们观看的积极性。

此外，我们还需要不断加入一些大群，然后蹭流量在互动中发布抖音内容，慢慢引导大群成员对你的关注。

（3）公众号推广。在有必要时，我们还可以创建属于自己的公众号。然后在公众号内定期发布抖音视频或者优质文章。这样的方式会让你的抖音显得更加高端，吸引优质用户关注。如果你的文笔够好，公众号被转发的次数就会更多，那么你的知名度也就更大。同时，还可以和一些其他的公众号联手合作，一起提高抖音曝光率。

6.7 参加挑战活动，利用官方做推广

想要让自己的抖音获得更大力度的推广，还需要参加抖音平台的一些热门挑战活动，换句话说，我们要抓住抖音官方的一些推广利器。

看下面这个抖音是如何做的。

美团外卖入驻抖音之后，在抖音上发起了一个挑战活动“全民挑战 66 舞”。这是一个什么样的挑战赛呢？

看一下美团外卖对这个挑战的简介：

“六月最后一天，美团外卖带你嗨翻天。绿茵场外更多激情，一波 666 的操作不能听，你不仅可在美团外卖 app 上参与 66 集卡赢 66 元现金活动，还可以和达人们一起大跳 66 舞赢 Ipone X 哦！6 月 30 日–7 月 7 日，美团外卖联合抖音发起 # 全民挑战 66 舞 # 挑战赛！模仿 @ 阔少 _ 申旭阔跳 66 舞或者使用 66 舞专属音乐拍摄视频，将有 10 名幸运用户有机会抽取获得 Ipone X，颜色随机，每人 1 个！”

图 6-17　全民健身（招同路人）在挑战赛中的出色表现

这个活动吸引了大量抖音主播的参与，很多人是为了获得 Ipone X，但有些人是为了增加自己的曝光率。例如“全民健身（招同路人）”这个抖音主播就活跃在该挑战赛的风口浪尖上。这是一个做健身的抖音号，借助美团外卖的这个挑战赛，大显身手，凭借出彩的自创健身舞蹈视频，在这个挑战赛中获得点赞第一名（见图 6-17）。该视频突破 75 万点赞，并为抖音主播俘获了十万以上粉丝量。对这个抖音号来说，十万粉丝远比 Ipone X 更有价值。

截至活动结束，美团外卖发起的这个挑战赛一共有 1.6 亿用户观看。除了美团外卖，像全民健身（招同路人）这样的抖音号获利最大，直接赚取了曝光率，涨粉数十万。

由此可见，抖音主播想要获得知名度和曝光率，还要及时抓住抖音官方的一些挑战赛。

6.7.1 发起抖音挑战赛，直接增强曝光率

想要更好地推广自己的抖音，我们可直接在抖音中发起挑战赛。如果你的挑战赛参加人数够多，那么直接曝光的就是你的抖音号，这会为你带来不可估量的粉丝和流量。

下面是发起抖音挑战赛的流程：

第一步，打开抖音 APP，然后点击“+”发布视频；

第二步，选择你的视频上传或者拍摄，然后在“发布”页面上找到“添加挑战”选项（见图 6-18）。

图 6-18　找到“添加挑战”选项

第三步，在“添加挑战”中添加新的挑战。例如添加一个新的挑战“我不想喝绿茶”挑战赛（见图 6-19）。点击“发起”按钮，即可发起挑战，

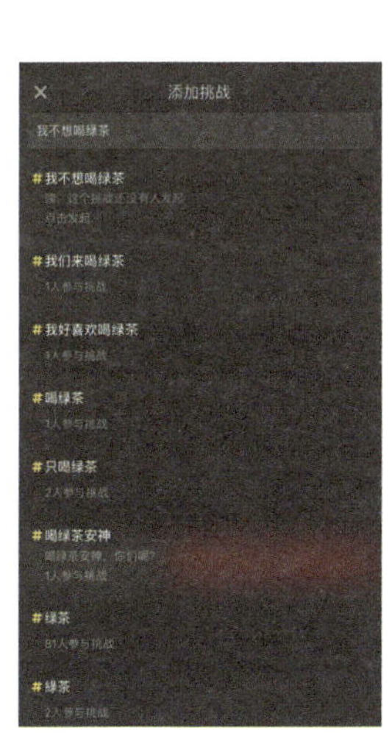

图 6-19　添加新的挑战

图 6-20　发起挑战，填写挑战内容简介

然后填写挑战的简介（见图 6–20）。点击“确定”就可以添加成功。

在这里，我们需要注意一点：你发起的挑战一定要符合抖音粉丝的需求和兴趣。换句话说，你需要提前做好粉丝定位，观看用户群都喜欢看什么，针对这些需求来发起挑战更有效果。

其次，你还可以借鉴以往参加人数众多的挑战赛，借鉴他们的模式和简介，这样才可以让你的挑战赛显得更有经验和成熟。

添加挑战赛之后，接下来需要通过多方渠道来宣传这个挑战赛，希望有更多人来参与。如果你的挑战赛举办得好，人气上升，那么作为发起人，你的抖音号自然就会获得更多粉丝的关注。

6.7.2 关注抖音小助手，及时发现火热挑战赛

在抖音平台中，我们可以关注“抖音小助手”。因为“抖音小助手”会在平台上定期推送最火热的挑战赛。

这些挑战赛通常情况下都有几千万人乃至几亿人观看和参与。因此，抓住热度高的挑战赛，适当发布优质视频，参与挑战，你就有可能搏出位，获得点击率，赢得曝光。

当然了，我们不能每一个挑战赛都参与，所以一定要选择合适自己的挑战赛。需要我们细心观看挑战赛的内容，观看抖音示范，观看那些点赞几百万的参与者的做法。

同时，要在参与挑战赛时，写好参与文案。这个文案虽然简短，却是推广抖音号的一个最佳出境概率。

最后通过数据分析、定位理论等方式找到最合适的挑战赛，然后制作出优质的视频上传，这样推广的精准度会更强。

7 CHAPTER 矩阵：能引流的抖音号从不单打独斗

抖音推广方式日益多样，一个抖音账号未免太过势单力薄，从自身需要出发，开设不同功能的抖音账号，建立团队战斗式的抖音账号矩阵。账号不同，定位与内容塑造亦不同，众账号可以有效地承担起各项功能。面对重要节点、热点造势等情形，更可以彼此互相合作，形成传播合力。各个账号相互独立又彼此关联，粉丝也可以根据自身需求，利用搜索功能快速精准地找到组织，从而让各个账号间相互引流也不成问题。

7.1 打造一个能相互引流的抖音矩阵

什么是抖音矩阵？我们可以看作一个抖音主播全方位地通过不同的语音账号来实现 360 度的品牌展现，也可以认为是通过抖音建立相应的链式传播，将同一品牌下关注不同账号的粉丝流量通过矩阵式账号相互引流，在主账号下形成粉丝流量内部引流，避免粉丝流失，提升粉丝量，扩大影响力的一种方式与手段。

陕西西安想必大家都听说过，可是让这个城市真正火起来，成为网红城市的还是抖音。为什么中国城市那么多，只有西安成为在抖音上率先走红的城市呢？其实，原因很简单，就是因为西安政府在抖音建了抖音矩阵。

图 7-1 西安市开通的各种抖音官方号

在西安，已经有超过 70 个市政府机构开通了官方抖音号，西安市公安局、西安市旅游发展委员会、西安市文物局等（见图 7-1）。这些账号之间互相引流、互相推动，再配上其他抖音达人的助力，最终让西安成了 2018 年最火的旅游地。

比如，西安公安局发布的一条微博就为西安的其他账号导流了不少粉丝。西安市汉城湖公园停车场，百余辆警车瞬间聚集到一起，伴着《平凡之路》的音乐，警车顶上警灯闪烁。视频中还出现了“大西安”三字，与不远处西安的地标建筑大风阁遥相辉映。这是2018年4月17日，西安交警支队在抖音发布的视频。仅这15秒的视频就吸引了无数粉丝的点赞，因为这条火爆的视频，许多粉丝相继关注了西安旅游发展委员会、西安文物局、西安规划……而最终的结果就是推动了整个西安市的走红。

7.1.1 抖音矩阵发展存在的问题

开通抖音号，老主播都说并不是一劳永逸之事，从现在抖音上各大主播的账号来看，虽然不乏人气高的主播，但也有只有几百个甚至几十个粉丝。总的来说，还是因为以下几个问题”

抖音矩阵信息更新过慢

查看某些主播的抖音矩阵内的账号，更新过慢的原因主要是缺乏专人管理，除了主账号，其他账号形同虚设。有不少主播，一个月只有数条更新，甚至除了主账号，其他小号基本处于“休克”状态。而抖音的优势在于以最快的速度登上热点，若更新速度无法保证，便是形同虚设。

抖音矩阵受众定位过窄

部分抖音主播的抖音矩阵定位过窄，只针对某一个或者几个固定群体，缺乏信息营养，导致关注度下降。抖音主播其实可以提供更多的、更全面的，但又不脱离主要定位的信息。

抖音矩阵宣传形式单一

有些抖音主播只是对一些热点内容的简单复制，使得表现形式过于单一、账号内容质量过低，且缺少互动，这也是导致抖音矩阵无法起到作用的主要原因。

抖音矩阵舆论缺乏监督管理

很多抖音矩阵只是一个人管理，这不利于抖音矩阵地深入、持续、有序的发展。此外，互联网的信息是没有限制的，有时候会出现一些负面舆论，而主播却没有对其进行正确的管理、监督与引导。

7.1.2 抖音矩阵的 PRAC 理论

为了扩大主账号的影响力，合理利用抖音为个人或企业进行宣传，有效应对缺乏专人管理的局面，建立抖音矩阵是必不可少的事情。抖音矩阵思维源于企业资源整合营销 PRAC 理论，有两个必须项：个人抖音号必须有主账号和小号；企业抖音号必须有品牌账号与其他系列账号。PRAC 法则倡导主账号为主平台，补充添加运营领导其他抖音账号。PRAC 法则的具体内容如下：

Platform（平台管理）

不少主播只有一个抖音账号，一个抖音账号说不同角色的话，特别是企业账号，一下子扮演客服人员，一下子扮演销售人员，、一下子又扮演领导，所以运营起来非常困难。所以，就需要几个抖音账号分担不同的功能。

Relationship（关系管理）

抖音矩阵账号之间没有太多关系，更别说组织起来产生互动，助推主账号发展。没有互动，主账号或者其他账号就不活跃，基本处于自娱自乐的状态。关系管理是抖音主播在组建抖音矩阵时比较容易忽视的，所以这一点一定要注意。

Action（行为管理）

主要是引起注意、品牌推介、产品销售、活动推广等典型的抖音营销行为。

Crisis（风险管理）

很多时候粉丝转发抖音账号的视频是来自于一种情绪，除了喜爱之外，还有一种愤怒和不满，这种情绪越转越大就会成为一场危机。因此，抖音主播需要做好风险管理工作，避免不好的局面扩大化。

7.2 不同抖音号，不同角色定位

角色定位是指在一定的系统环境下，在一个组合中拥有相对的不可代替性的定位。抖音矩阵就像一个团队，每个抖音号都有属于自己的定位，都需要按照角色定位规划和发展。在抖音矩阵团队中，每个抖音号都在被动扮演着或必须扮演着一个角色，每个角色都有不同的特点和作用，每个角色效能的发挥程度也将成为影响这个矩阵团队帮助个人或企业实现引流目标的重要因素。所以，在做抖音矩阵的顶层设计的第一步，就是先做好各个账号的角色定位。

仍然以西安市开通的各种官方账号为例。西安市开设了各种各样的官方号，但总的来说还是为西安旅游发展委员会服务的，其他账号其实就是为了给西安打造好形象，给西安旅游引流。比如吃在西安，它其实就是一个引流者的角色（见图 7–2）。一个地方能吸引游客，美景是关键，但美食更是不可或缺。因此，吃在西安通过拍摄各种关于西安美食，吸引粉丝的关注，让粉丝因为美食去关注西安旅游发展委员会，然后进一步了解西安，最后达到促使粉丝去西安旅游的目的。

图 7–2　西安官方账号之一“吃在西安”

7.2.1 角色定位常犯的错误

在实际操作过程中，抖音主播常常会犯以下错误，以至于抖音矩阵效果不明显。

第一，角色定位过高。过分看重团队中的某个角色，高于这个账号实际可以承担的角色定位。这种情况大多出现在新开设的账号上，随着抖音市场竞争加剧，新账号引流越来越困难，但是抖音主播给其的角色定位是帮助主账号的引流者。这就超过了这个账号本身的角色定位。

第二，角色定位过低。与角色定位过高相反，角色定位过低是指低于某个抖音账号可以实际承担的角色。比如矩阵内的账号

A，拥有 100 万粉丝，但是抖音主播对其的角色定位还是帮助主账号引流。虽然这也是该账号需要担任的角色之一，可是它已经能承担其他角色，比如变现者，可以和主账号一样接广告，给抖音主播带来更大的价值，或者是带领者，带领着其他小号不断地前进，从而让其他小号成为新的变现者或带领者。如果抖音矩阵内存在这种情况，实际上就是对资源的一种浪费。

第三，角色错位。是指给抖音账号的定位与其实际应当承担的角色不符。比如拥有 100 万的账号 A 应该承担给主账号引流的角色，但是抖音主播却将其定位成在账号评论区与主账号互动的角色，虽然也能起到一定的作用，但是账号 A 的 100 万粉丝的作用就被大大弱化了。

小米科技在这一点上就做得非常好。小米在抖音上建立了自己的抖音矩阵，其主账号为小米商城，拥有粉丝 226.1 万人，获赞数 912.1 万次。虽然小米商城是主账号，但是它的其他账号定位非常明确，即是引流者也是变现者，比如小米手机。众所周知，手机是小米的发家之源，虽然现在小米已经成为全面的互联网科技公司，旗下有各种各样的产品。但是小米手机一直扮演着核心角色，仍然拥有不少粉丝。因此，如果只把小米手机当作给小米商城的引流

图 7–3　小米手机抖音官方账号

者，真的是浪费资源。小米手机本身也可以成为一个主账号，一个变现者的身份。这一点从其粉丝量达到 162.5 万人、获赞 291.7 万次就可证明（见图 7–3）。

7.2.2 三个定位技巧稳固抖音矩阵

除了角色定位，每个账号也应该有自己的定位，如此才能保证主账号发展的好时，子账号也能成为一个有更大价值的账号。那么，各个子账号应该如何定位呢？

第一，垂直定位：一个账号只专注一个领域。其实与主账号的定位一样，不能今天发美食、明天发英语、后天发游戏，要做垂直定位。因为抖音垂直类的账号，技术门槛更低、运营起来更轻松，稍微用点心就很容易做到几十万。抖音主播要运营一整个抖音矩阵，这工作量已经不轻，所以能更加高效地工作是最好不过的。此外，定位太过于混乱，也不利于抖音号推荐。

第二，抖音矩阵的定位布局。通常来说，特别是对于企业而言，以下三类定位是矩阵内必须存在的：行业号、专家号、企业号。行业号帮助企业奠定行业地位、专家号帮助企业奠定专家地位、企业号帮助企业奠定企业地位。

第三，抖音矩阵内的定位要有相关性。虽然说每个子账号都要有自己的相关性，但是各个子账号还是要有一定的相关性，比如目标粉丝群相近、内容有关联，否则互相之间很难导流。

7.3 每个子账号都有目标人群

抖音矩阵内的子账号其实都有两种身份：第一，助力者，帮助主账号实现引流的目的；第二，独立者，自己也需要成为一个能产生价值的账号。因后者的身份，子账号在运营过程中需要找到自己的目标人群，根据自己的目标人群做运营。那么，如何才能找到子账号的目标人群呢？

京东在抖音上建立了自己的微博矩阵，主账号为京东，粉丝量38.3万人，获赞1.7万次。其他子账号分别为京东金融、京东手机、京东客服、京东图书文娱、京东物流、京东家居、京东超市、京东电器、京东家电情报员、京东生鲜、京东品牌……单单是子账号就多达十个（见图7-4）。京东在子账号的打造上可以说非常值得其他企业学习。除了能为主账号京东服务，其本身也有属于自己的目标人群、属于自己的视频内容，能够独立成为一个主账号。

图7-4 京东的各个子账号

京东子账号的目标人群是谁，其实从其昵称上就能一眼看出。比如京东金融，它针对的人群就是需要金融服务的粉丝，比如有理财需求、保险需求、账单分期需求的粉丝；京东图书文娱针对的人群就是喜欢看书、喜好文娱，想要购买的粉丝。

京东的每个子账号都会根据自己的目标人群打造内容，比如京东金融就找到了京东金融工作的两个女性工作者，在拍摄关于金融方面的内容，或者展示京东金融的办工场景。该账号的粉丝量达到了 16.7 万人、获赞数为 61.2 万次。又比如京东手机，也是针对有手机需求的目标人群拍摄了市场上各个手机型号相关的视频。

7.3.1 利用粉丝画像找目标人群

粉丝画像是根据社会属性、生活习惯和其他行为等信息抽象出的一个标签化的粉丝模型。抖音主播通过这个粉丝模型就可以找到每个子账号的目标粉丝群。

第一，精准营销，分析潜在目标粉丝群，可以对特定群体进行精准营销。这一点在抖音账号实现价值变现时起到关键作用。比如子账号的目标粉丝群是妈妈群体，在打广告时就要与宝宝相关。

第二，数据挖掘。有一定实力的抖音主播，可以构建推荐系统，利用关联规则计算，喜欢红酒的人通常喜欢什么牛排品牌，然后再下一次做广告，或者做相关视频时，就可以做“什么样的牛排配什么样的红酒最合适”。

第三，效果评估。可以完善子账号的运营，提升运营质量。也就是通过调查目标粉丝群对子账号运营的满意度，然后根据他们的反馈提升质量。

第四，竞争分析。根据目标粉丝群体的特征，找到相关的竞争对手，分析自身的竞争核心能力是否能够让自己突围而出。

7.3.2 抓住五类粉丝特征属性

想要了解子账号的目标粉丝群，就先要了解基本的粉丝特征属性，并据此设计特征标签。总的来说，粉丝的特征属性可以分为五类。

类型一：基础属性。是指目标粉丝的基本信息，包括性别、年龄、文化程度、地域、行业等属性。

类型二：经济属性。是指目标粉丝的经济情况以及消费观念，包括以下三个方面的内容（见图 7–5）。

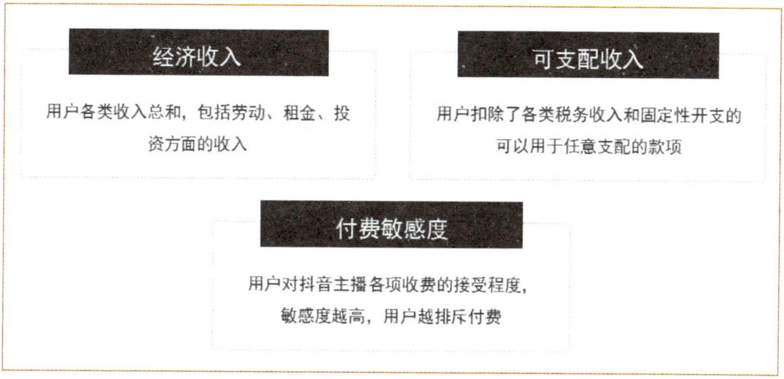

经济收入

用户各类收入总和，包括劳动、租金、投资方面的收入

可支配收入

用户扣除了各类税务收入和固定性开支的可以用于任意支配的款项

付费敏感度

用户对抖音主播各项收费的接受程度，敏感度越高，用户越排斥付费

图 7–5 经济属性的三个内容

类型三：文化属性。是指目标粉丝的教育程度，以及习惯爱好，包括智力水平、所处文化层、喜好文化的类型、对文化的个性化需求等属性。

类型四：社群属性。是指目标粉丝在社会关系上的需求，包括交友、恋爱、归属、领导、合作等方面的需求属性。

类型五：硬软属性。硬属性是指目标粉丝所拥有的设备及相关条件，软属性是指目标粉丝对网络以及软件（抖音）的熟悉度。

7.3.3 粉丝画像构建的三个步骤

粉丝画像的构建总的来说可以分为三个步骤：

步骤一：收集、分析粉丝信息。与所有的研究调研一样，首先要确定被访粉丝类型、设计研究方案和调研提纲。在调研上要尽可能地包含最大范围的不同粉丝，然后提取他们的特征，最后根据特征进行分类；收集、分析的方法。其主要有（见图 7–6）：

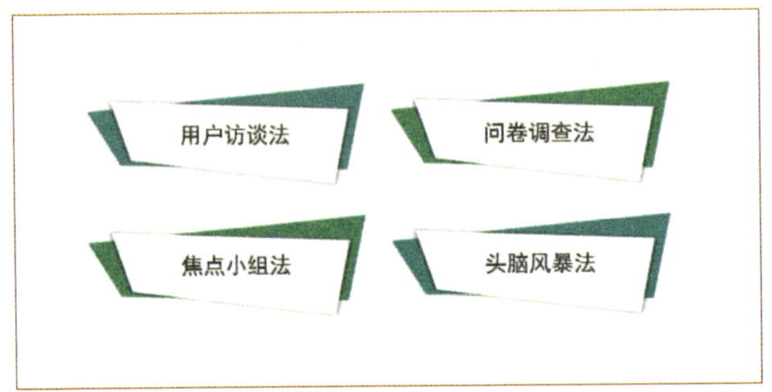

图 7–6 搜集、分析的 4 种方法

步骤二：细分粉丝群。为什么要细分粉丝群？因为不同的粉丝群有不同的目标、行为和观点，细分粉丝群可以把问题变得更加清晰明朗，同时也是作为粉丝画像优先级划分的依据。抖音主播可以通过调研了解粉丝，以粉丝的目标、行为和观点的差异为依据进行分类，在每种类型中抽取出典型特征，赋予各个标签，最后形成一个粉丝画像。需注意的是，区分不同类型的关键点在于粉丝关注抖音的目标和动机、过去/现在/未来的行为，而不是简单的性别、年龄、地区等这些属于人口统计学的特征。

步骤三：建立和丰富粉丝画像。这是粉丝画像起作用的关键步骤，能使其更加形象化、立体化。前期的标签获取只是基础数据，还不够精准，如果想让其活起来，就需要对数据进行更加细致的分析，并赋予粉丝画像更多的元素，使其更加立体和饱满。

如何丰满粉丝画像？在添加了构成粉丝画像的基本元素之外，再使用另外一些元素丰满画像，比如爱好、个人语录、场景等。在粉丝画像的打造过程中需要注意颗粒度，不能太小也不能太大。如果细到每一个粉丝每一具体的生活场景，这基本不太可能；但是如果颗粒度太大，只是年龄、地域、爱好、性别等等，其对抖音矩阵的建立也就失去了指导意义。

7.4 互推，小号助力主号狂涨粉

互推涨粉在微信圈、微博圈都是非常常见的做法，它们的互推大部分是与他人合作的互推，其互推的账号并不是自己建立的矩阵号。而抖音的互推虽然也包含这一操作，但是抖音矩阵小号内的互推也一样重要。

比如摩登兄弟，这组合可以说是抖音红利的典型代表，在半个月内就吸粉2000万人，甚至还引来了许多明星的关注。而摩登兄弟的大火，除了该组合的主唱颜值高、歌唱实力强之外，背后的运营操作也是非常关键的原因。而它运营的手段之一就是打造抖音矩阵，用小号推主号。

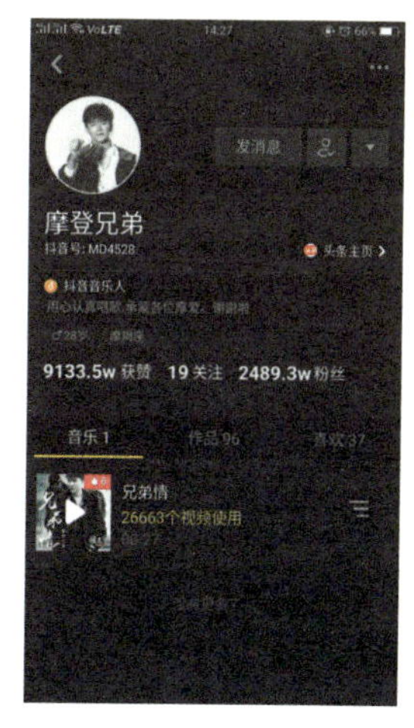

图 7–7 “摩登兄弟”

摩登兄弟的主号ID是“MD4528”（见图7–7），从他仅有的关注的19个人中，可以看出其他小号分别为 @ 摩登兄弟小日常，ID 为“1122449356”；BOSCO 福，ID 为“819289300”；摩登兄弟头号粉丝，ID 为“4528MDXD”；摩登兄弟粉丝后援会“124176600”。这些小号有些是其成名前成立，有些是其成名后成立。不管是哪一种，都是为摩登兄弟这个主号服务的，在主号发布抖音视频时，它们进行转发、互推等。

7.4.1 互推账号

参与互推的抖音号一定要有质量，新加入的抖音小号可以排除在外。此外，还要注意以下四点。

第一，调性。就像苹果和小米，它们的粉丝调性不一样，即使互推也起不了什么效果。这一点，如果在打造小号时注意到，即可避免。

第二，重合。主号和小号之间的重合度要较高，比如一个美妆大号的粉丝大多数是女的，但是小号当初没有设计好定位，吸引的都是男粉丝，这样的互推就完全起不到效果。

第三，黏性。在精力有限的情况下，最好选择黏性较高的粉丝进行互推，否则这个小号的粉丝可能会因为推荐大号内容过多产生反感，而导致粉丝流失。粉丝黏性度高不高可从四个标准进行判断（见图 7–8）。

第四，数量。如果小号是新建立的，本身粉丝数少，就尽量不要互推，否则不但没有效果，也会让小号受到损失。因为小号原创和与自身定位相关的内容少，粉丝不但不涨，还可能会流失。

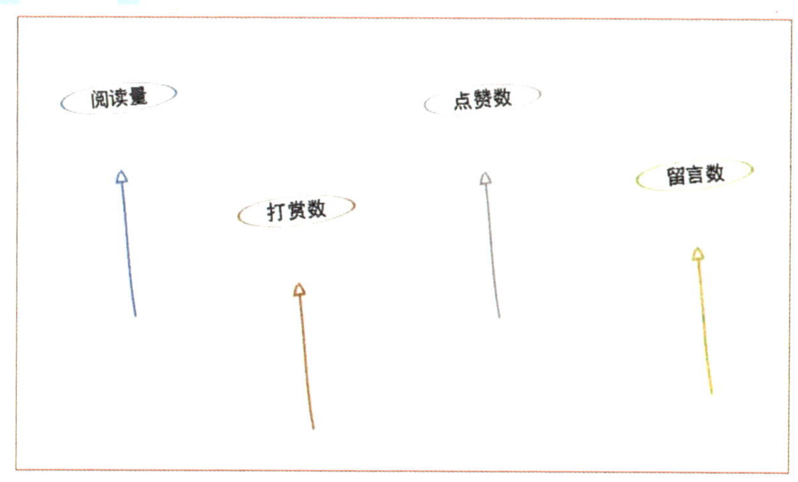

图 7-8　高粉丝黏性的四个判断标准

7.4.2 互推规则

选择好参与互推的小号，下一步就是设定互推规则。比如最大的一个小号有 100 万粉丝，最小的也有 50 万粉丝，互推时要如何排名呢？这一点不管是主号推小号，还是小号推主号，都需要注意，所以就要设定好排名规则。设定时需考虑以下几点问题。

第一，角度。如果是主号推小号，就要把小号排在推荐的前面，不管是推荐的频次还是位置，都要排在第一；如果是小号推主号，就要把粉丝数最多、转化率最强、粉丝黏性最高的排在前面，如此既能保证主号的涨粉效果，又能保证粉丝较少小号的养成效果。

第二，轮推。除了主推大号之外，小号与小号之间互推也是运营抖音矩阵时必须进行的手段。那么小号与小号之间如何互推呢？可采取轮推的方式。比如小号 A 在第一个月互推计划中排名第一，那么第二个月就要排名最后，如此可以保证所有小号都能保证排到第一名，其核心点就是公平公正，否则粉丝数量少的小号是养起来了，粉丝数量大的小号不见进步还后退了，反而是得不偿失。

7.4.3 互推视频

互推涨粉效果最大化的一个关键点就是互推视频，如果运营者要做出这种高转化的互推视频，就要把握住以下两点（见图 7–9）。

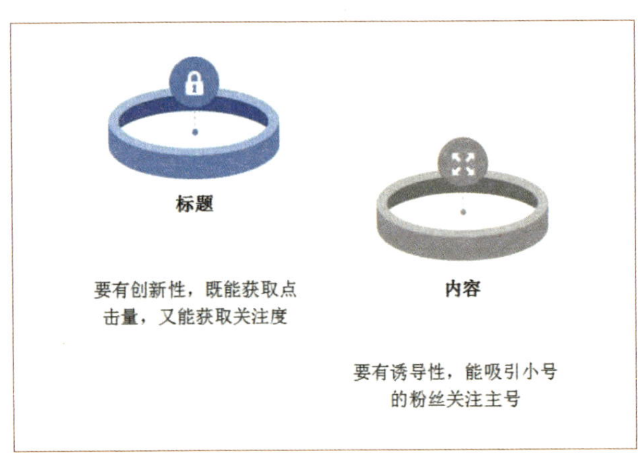

图 7–9 互推涨粉视频需要注意的两点

帘卷西风制作的视频就符合这两点，它的视频标题是：“胖墩儿！我看你这脚擦到什么时候！”这个标题就足够引起好奇心，粉丝肯定会想“擦脚能擦到什么时候呢”？内容也确实有诱导性。“一个胖胖的小男孩一边脚擦完了，另一边脚又放回脚盆里。”确实非常有趣。而这个内容的有趣性就会诱导粉丝去观看这个抖音号的其他视频，是不是同样的搞笑，最后成功关注这个抖音号（见图 7-10）。

图 7-10　帘卷西风的视频

7.4.4 互推时间

安排好时间，最好能在一天内同步进行，这样才能起到效果最大化。就像微博热搜一样，只有大家一起在同一时间内搜索某个关键词或发布某个带关键词的文字或视频，才能上热搜。抖音的视频要达到相同的效果也是同样的道理。此外，就是要注意互推的时间段，在哪个时间段小号一起互推的效果是最好的，运营者需要充分注意，这一点在其他章已做过详细叙述。

7.5 矩阵模式不选最好，要选最合适

模式千差万别，贵在用其所长，避其所短。在具体实践中，抖音主播究竟应该选择什么样的模式？马云曾说过：“选最好的员工是个灾难。”模式选择也是如此，最好的模式不一定最合适自己，最合适自己的也许是最差的，但它呈现出来的效果一定是最好的。所以，抖音主播只要掌握了各个模式的特点，就能找出最合适自己的抖音矩阵模式。

7.5.1 模式一：1+N 矩阵

矩阵定义：建立一个以产品线为主导的账号矩阵，1 个主账号下再开设 N 个产品专项账号，以此构成完整的抖音宣传体系。这种矩阵在营销方面可以起到以下几点作用：对于产品结构与品牌构成比较简单的企业，这种模式可以起到弱化品牌定位、强化产品卖点的作用，旗下产品在粉丝心中形成鲜明的产品特色，能够准确地影响自己的目标受众。

自从西安抖音走红后，中国的不少城市旅游看到了抖音红利，也学习西安在抖音上建立自己的抖音矩阵，重庆就是代表之一。它采用的抖音模式就是“1+N”的矩阵模式，以重庆旅游为主账号，分别开设平安重庆、发现重庆、重庆航空、重庆美食等子账号，构成以宣传重庆美食、美景以及各种资讯的抖音宣传体系（见图 7–11）。

图 7–11　重庆在抖音上建设“1+N”矩阵模式

7.5.2 模式二：AB 矩阵

矩阵定义：以品牌形象塑造、维护为目的，一般是通过一个形象抖音账号加一个品牌抖音账号的形式组建抖音矩阵。这种矩阵在营销方面可以起到两方面的作用：第一，一正一辅，两个账号可以同时发力，但要注意避免信息混乱，账号定位一定要清晰；第二，一硬一软，硬是指硬广告，直接在账号上给自己的品牌或产品打广告，软是指通过情景演绎或模仿热点视频再插入广告信息。

图 7–12 当当的 AB 模式抖音矩阵

仔细分析，可以发现当当在抖音上建立的抖音矩阵就是属于“AB”模式，形象抖音账号为当当图书，品牌抖音账号为当当网。一个主推当当但包括当当图书的信息，一个主推当当图书的信息，同时当当图书又是当当的主要业务。两者同步发力，既避免了信息的混乱，又有明确的定位（见图 7–12）。

7.5.3 模式三：蒲公英矩阵

矩阵定义：是指信息从一个官方账号进行传播后，其他多个账号进行转发，再以其他账号为中心进行新一轮的扩散。这种模式适合旗下品牌较多的企业，然后由母企业这个核心账号统一管理旗下多个账号，但需要注意的是，核心账号不能对其他子账号过多地干涉，影响子账号的运作。此外，子品牌或者业务线的目标粉丝既有特性又有共性。这种矩阵的营销信息的优势在于：第一，利用转发等功能，通过矩阵整体优势扩大信息覆盖面；第二，信息可以多次触及粉丝，形成持续影响力，进一步加强粉丝对企业的印象。

组建这种矩阵时需要注意以下几点：

第一，各账号之间需要做大两点：一是定位要有明确性、一致性；二是内容要有独特性。如此，才能避免账号内容雷同而让粉丝反感。

第二，根据粉丝受众选择转发账号，账号与账号之间的转发不要盲目，要可以覆盖相应目标粉丝。

第三，转发内容不能过于垂直，要有一定普遍性，否则会影响传播范围。

京东的抖音矩阵就是属于这种模式。京东是主账号，并开设了京东金融、京东手机、京东客服、京东图书文娱、京东物流、京东家居、京东超市、京东白条、京东家电情报员、京东生鲜、京东品牌、京东时尚、京东家居生活。这些都是京东旗下的子品牌，由这些子品牌担任京东抖音矩阵的子账号。由京东这个核心账号管理子账号，虽然管理但不会干涉子账号的操作，其视频内容信息除了在全国宣传时需要统一之外，其他并不干涉，由子账号自行发布与账号定位相符的视频（见图 7–13）。

图 7–13　京东的蒲公英式抖音矩阵

7.5.4 模式四：HUB 矩阵

矩阵定义：是指由一个核心账号领导其他子账号，子账号之间的关系是平等的，信息由核心账号放射向各个子账号，子账号之间的信息并不进行交互。此类矩阵多出现于分公司和集团分隔比较明显的企业营销策略中。比如万达集团在抖音上注册的账号就是属于这种模式（见图 7-14）。该矩阵的模式是：第一，信息由集团传播到分公司的粉丝，可以扩大信息覆盖的范围；第二，转发内容需具备一定普遍性，比如全国性的促销活动。

图 7-14　万达组建的 HUB 抖音矩阵

组建该模式时需要注意以下几点：

第一，各个账号之间存在地域差异化，从内容选择、粉丝覆盖上要做出差异性。

第二，地方账号可以开展本地服务，吸引更多本地粉丝，与全国类的账号内容和功能上具备互补功能。

7.6 考核：利用 KPI 优化矩阵布局

不少抖音主播在打造抖音矩阵时可能会遇到这样的问题：抖音矩阵效果不明显或者个别账号效果好、个别账号效果差。其实根本原因就是抖音矩阵的建立不够完善，要解决这个问题就需要在运营过程中不断地对抖音矩阵进行优化。而 KPI 考核就是最好的优化方法之一。

KPI 称为关键绩效指标，又称为主要绩效指标、重要指标、绩效评核指标等，是指衡量一个管理工作成效最重要的指标，是一项数据化管理的工具。这个方法一般用于企业管理，是将企业、员工、事务在某时期表现量化和质化的指标。但这个方法同样可用在抖音矩阵的运营打造上。

7.6.1 做 KPI 之前必须了解三点

在做 KPI 之前需要明确三点，如此才能利用 KPI 优化抖音矩阵：

找到自己打造抖音矩阵真正的目的

在当前阶段，抖音主播更侧重做什么？一般包括三种（见图 7-15）。可能有些读者会疑问，有些抖音号既具备媒体属性，又卖货，那怎么判断他最本质的目的是做什么？其实就看其粉丝更多的是单纯的粉丝，还是客户。

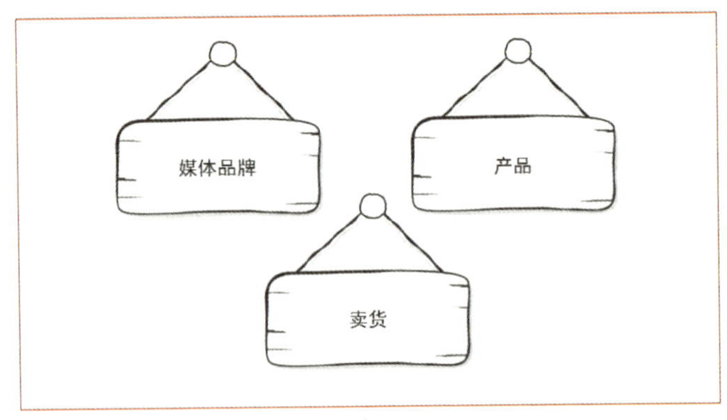

图 7-15　抖音主播做抖音的目的

深入了解行业及竞争对手

要想设置合理的 KPI，那么就要对行业有深入的了解。这里的行业有两层意思：一是抖音账号所在的细分行业，比如学霸君是出于教育行业的 K12 领域。因此就需要了解这个 K12 行业里的学生、家长、老师以及该行业的基本特征；二是抖音账号在抖音类目所处的位置，比如是颜值类、技术类，还是知识类等，然后在这个类别中处于哪个位置，是前 100 还是前 10。

在对行业进行时深入了解的同时，竞争对手也是不容忽视的。找出自己的主要竞争对手进行拆解研究，把他们的每条视频的点击数、点赞数、转发量、评论量、完播量一一进行分析，然后找出平均数。这是做 KPI 考核的关键参考依据。

充分掌握自身情况

所谓知己知彼，知道了对方的情况，就更要把自己了解透彻。一般来说，可以通过以下两个方面来了解自己：

第一，数据层面：可以通过其他一些辅助工具，对抖音账号的视频进行统计分析，包括点击量、点赞量、评论量、转发量等。虽然抖音账号上可以看出点赞量和粉丝数，但是无法看到粉丝黏性以及成长速度，而这个统计分析则可以做到这一点。

第二，账号层面：账号尚处什么层面、影响力如何、有多少资源可以利用。这关系到后期的涨粉数度。

7.6.2 SMART 下的 KPI 指标设置

对抖音矩阵进行 KPI 考核必须符合 SMART 原则：

S (Specific)：是指要切中特定的工作指标，不能笼统。

M (Measurable)：是指可度量的、数量化的，验证这些绩效指标的数据或者信息是可以获得的。

A (Attainable)：是指可实现的，指标在付出努力的情况下可以实现，避免设立过高或过低的目标。

R (Realistic)：是指具备现实性，绩效指标是实实在在的，可以证明和观察。

T (Timebound)：是指绩效指标有时限，要注重完成绩效指标的特定期限。

7.6.3 设定关键指标的一般程序

设定抖音账号的关键指标的程序如下，抖音主播可以作为参考，以此提高关键指标设定的效率。

这个账号为什么成功，过去成功靠什么，有哪些要素

分析过去成功要素中哪些是可以让账号持续成功并能复制到其他账号上的，哪些是阻碍抖音持续成长且不可复制的因素

抖音账号未来的目标是什么，有什么战略规划，未来成功的关键究竟是什么

图 7-16　找出成功关键要素涉及的三个方面

找出关键成功要素

关键成功要素是指对账号成功起关键作用的某个战略要素的定性描述，这是制订关键指标的重要依据，同时该要素能让指标具体化、定量化，使之可以衡量。找出抖音账号成功的要素其实就是要明晰获得优秀成绩所必需的条件以及要实现的目标。主要涉及三个方面的问题（见图 7-16）。

建立评价指标

是指找出关键成功要素之后，要从哪个角度对之进行考核。抖音账号的评价评价要素包括点赞量、转发量、评论量、完播量、外链点击量、互动有效率、粉丝量等。

建立评价标准

评价标准是评价各个抖音账号运营好坏的尺度，就像一把尺子可以衡量出优秀的账号、中等的账号、不合格的账号。然后把不合格的账号剔除，对中等的账号进行加强。一般来说，指标指的是从哪些方面对关键成功要素进行评估，解决的是评价什么的问题，而标准则是指在各个指标上抖音账号应该达到一个什么样的水平，解决的是账号表现的问题。

确定数据来源

建立关键指标体系的最后一步就是确定数据的来源，也就是通过什么渠道获得评价抖音账号表现的客观数据。一般而言有两种：一是抖音账号上直接显示的指标，如点赞数、粉丝量、转发量；二是借助其他工具，也就是一些第三方平台的数据。

确定考核周期

考核周期设置不能过长，也不能太短。如果评价周期过长，会带来两个负面结果：意识带来严重的近因效应，从而给评价带来误差；二是使抖音主播失去对 KPI 考核的关注，最终影响考核的效果。如果考核周期太短，也会造成两个方面的负面效果：一是加大考核成本，直接影响抖音主播的工作量；二是由于一些工作内容可能跨越考核周期，许多账号的表现无法进行评估。最好是根据考核内容的不同，分为月度、季度、年度。当然如果有特殊情况，也要适当地缩短考核周期。

考核结果的运用

做 KPI 的目的是什么？就是为了优化抖音矩阵，加强抖音矩阵的效果。因此就要把考核结果运用上。比如说评论量达不到标准，就考虑是哪方面出的问题，是视频内容不能激起粉丝的互动兴趣，还是主账号或者其他子账号的互动引导工作没做好；又比如说点赞量高，但是粉丝关注量低，就要考虑视频内容的平均质量不高，只有一两个好的视频吸引了粉丝的点赞，但其他视频的内容却无法吸引粉丝进行长期关注。

8 CHAPTER 复盘：回顾过去，把差变好让好更好

所谓复盘，是指对过去完成的项目所做的深度思维演练。如同项目运营一样，抖音运营也需要复盘。只有做科学专业的复盘，才能知道取得了哪些成果，存在哪些不足。除了关注结果之外，抖音运营者更重要的是通过复盘发现问题、分析问题，从而积累成功与失败的经验，为接下来的运营战略提供更具价值且可行的解决方案。

8.1 习惯复盘的你才能成为抖音大V

任何一个做抖音的运营者都希望能够成功，成为抖音大V。但是只有过程是不够的，还需要复盘。

如今国内有很多知名企业都把“复盘”的理念引进公司的管理和运营中，比如最早的是柳传志的联想，到后来万达王健林、360周鸿祎等，他们都将“复盘”作为指导企业战略发展的重要工具。

那么，到底什么是复盘呢？它只是一个噱头，还是真有其实际的价值呢？下面我们来具体分析一下复盘的内容。

8.1.1 什么是复盘

很多人认为复盘就是总结。事实上并不全然，总结只是复盘的一个部分。直白来说，项目复盘，指的是对过去完成的项目所做的一个深度思维演练。

以往，我们在做项目总结时，更多的是关注该项目取得了哪些成果，有哪些不足，是以结果为导向的。而复盘不同，一个项目的复盘，除了关注结果之外，更重要的是整个项目过程的重新演练，在这个演练流程中，我们发现问题，分析问题，从而积累成功和失败的经验，为接下来的决策和战略提供更具有价值的参考，并得出实际可行的解决方案。

有句话说，总结是静止并跳跃的，而项目的复盘是动态且连续的。复盘更多的是以过程为导向，关注在这个过程中的学习和提升。

简单来说，复盘的流程是这样的（见图8-1）：

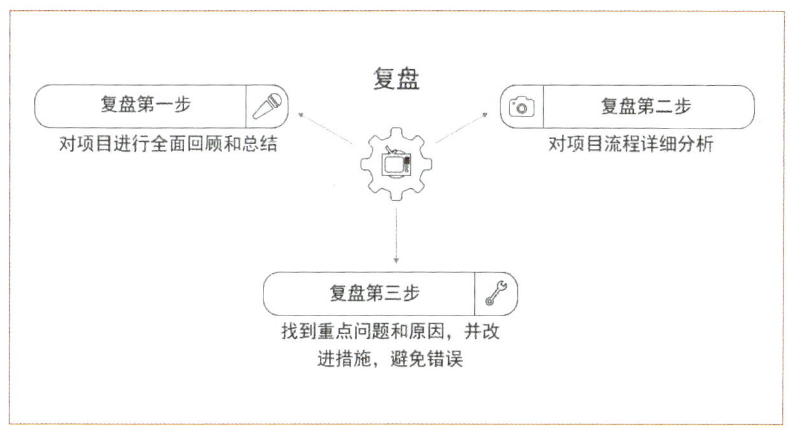

图 8–1　复盘概论

通过复盘，不仅使团队对项目的整体规划和进度有一个具体的认知，同时还能让参与复盘的人员从这次项目管理及专业技能方面有所收获和学习。经过复盘以后，我们可以改进很多地方，最后形成一个可执行的并且也是可衡量的专业流程。

8.1.2 复盘的内容结构

任何一个项目，不管是 0 到 1 或者是版本迭代，基本都会包含以下几个核心阶段（见图 8–2）。而复盘就是把每个阶段的具体工作进行分解，分析每一项工作的进展是否顺利，问题点在哪，以及如何更好地优化。而这也就构成了复盘的内容结构。

前面我们说过，复盘就是对项目进行分解，然后在这个过程中分析问题和改进，找到更好的落地方案。因此，针对图 8–2 的结构表，我们就可以进行详细的复盘。无论做任何项目，都可以套用这个结构表。

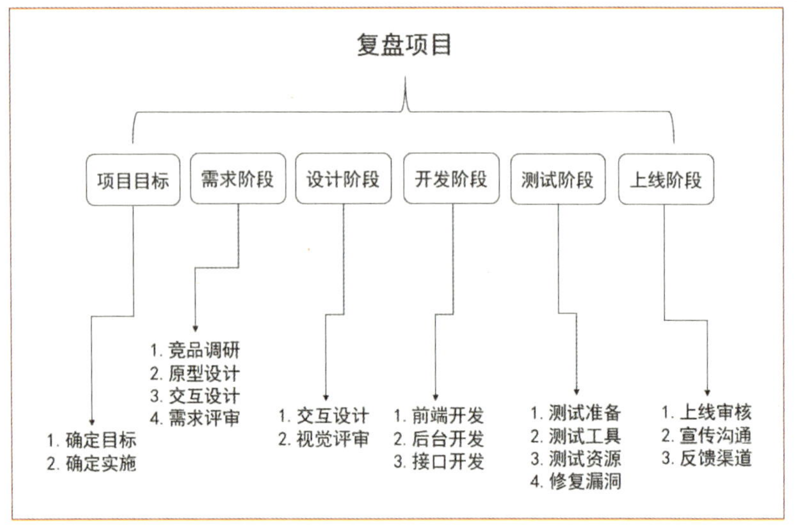

图 8–2　复盘项目结构表

抖音运营也是如此。我们打个比方，以复盘项目结构中的第一个项目目标为例。

首先，我们从总体来看是否按照原计划交付时间交付？切换到抖音运营就是是否按照原计划实施了每天发送视频的目标。

其次，按照原计划的需求点实现了多少转化，得到了多少点赞？哪些需求点没有按目标计划实现？为什么有些粉丝点赞之后并没有关注我们？每一个需求点延后原因分别是什么？

最后，发现复盘结果。在这个结果中发现了多少意外的问题？为什么会出现这些问题？尝试新方式之后，粉丝接受程度如何，是否与我们的目标计划是一致的？

针对上述几个问题，我们都需要仔细分析并且根据数据写出报告，做好总结，最后拿出一个可行的目标方案和实施计划。

8.1.3 做抖音为什么要做复盘

作为一个抖音主播，想要让自己的抖音火，就应该做好管理，当好一个产品经理，把抖音视频作为自己的产品，而自己就是操作这个产品的经理人。作为走向管理的第一步，是要学会总结得失。每一个抖音发布从开始到结束，过程中或多或少都会出现计划之外的突发状况。而复盘就是绝佳的反思机会，视频发布上的得与失，营销的错失和不足也需要一条一条地罗列，然后不断深入思考，才能提升自己的总结能力。

因此，作为抖音运营者首先就要具备复盘的总结能力，将收集到的需求建议、竞品优势等进行归纳整理，结合项目自身的差异点才能形成自己的需求思路。这也是抖音运营复盘的最重要意义。因此，只有懂得科学的复盘，才能让抖音更加科学专业地走向爆红。

8.2 回顾目标：不科学的目标是失败的第一步

“复盘”这个概念，最早用在股市中，后来被联想企业运用在企业实践中，成为实践总结的重要方法论。按照柳传志的话来说，复盘就是指做过的事情，再从头过一遍。

对于复盘的第一个环节：回顾目标，我们必须知道目的是什么？其目的是不断检验和校正目标，不断分析过程中的得失，便于改进，不断深化认识和总结规律。抖音运营者也必须知道这一点，只有对目标进行回顾和改进，才能制订出科学的目标，因为不科学的目标往往是失败的第一步。

例如有一个舞蹈健身工作室，给自己制订了一个目标，那就是每天发送两个跳舞的视频作品，并且不断用一些小号点赞，利用微博等方式引流加粉，希望每条视频的点赞过 10 万次。

然而，经过一段时间之后，这个工作室的视频数量发送是达标了，但是每条的点赞都只是在几百次。这个数字距离自己定下的目标还有很远。为什么出现这个问题？

图 8-3　某舞蹈工作室经过复盘抖音视频点赞大增

该工作室最后经过复盘得出结论：自己的视频内容和目标根本不符。后来，在科学的复盘之后，发现目标问题，并找到了原因和方法，最终在视频内加入女性舞者。经过改进后的第一条视频就在一天之内吸引了 4 万多点赞（见图 8-3）。

从这个案例可以看出，目标复盘对抖音运营的重要性。下面着重介绍一下抖音中对目标回顾的复盘方法。

8.2.1 定义目标问题

复盘的本质是解决问题。在回顾目标这个环节中，我们要考查“当初是怎么定目标的”和“现在做成的结果”之间的差异，然后根据差异分析原因，寻找解决方案，并开展后续的行动，最终形成一个科学的目标计划。

目标和现状之间的差异就是我们通常所说的“问题”。因此，复盘就是通过回顾实际经历发现问题、分析问题并解决问题，从而不断吸取经验教训，将经历转化为经验，推动组织和个人的成长。

在复盘中，比较结果与目标的差距，找出成功之处（正向偏差）和可提升之处（负向偏差），这其实就是在“定义问题”。回顾目标也是如此，必须对目标问题进行一个科学的定义，这也是为日后的分析原因打下基础。

在定义目标问题时，我们需要清晰地将“目标”和“结果”之间的差异描述出来。

我们以一个抖音运营为例，看一下定义目标问题的示范：

目标	原定于 2018 年 8 月 1 日，完成 20 个视频发布，并实现累积点赞量达 20 万次，增粉 2 万人。
现状	截至 2018 年 8 月 1 日，完成抖音短视频 20 个，实现累积点赞量只有 15 万次，增粉 1 万人。未达到预定目标。
定义目标问题	在规定时间内，计划完成 20 个视频，已完成； 计划实现累积点赞量达 20 万次，只达到 15 万次，差 5 万点赞；计划增粉 2 万人，只达到 1 万人，差 1 万人。

在这个表格中，我们可以清晰地看到对目标问题的定义，发现自己的目标与实际有什么差距，从而可以针对问题分析解决。

从这个定义目标问题中，我们还可以看出合适的问题定义应该包含什么？应该包含：

描述目标与实际现状的差距，比如计划是……结果是……(不应该包含针对问题的原因)。

具体描述问题中的信息，例如时间、地点、人物，包括次数、数量等统计信息（不应该包含问题的解决方案)。

告诉其他人这个问题为什么如此重要（不应该包含任何的指责和抱怨)。

8.2.2 对目标复盘的结果和方案呈现

上述对目标的定义问题只是描述问题和差距即可，接下来才是分析和方案的呈现。

回顾目标应该至少包含三部分内容：

目标是什么（What)；

目的是什么（Why)；

实现的策略/路线是什么（How)。

其中，策略和路线是最重要的，也是目标复盘需要解决的一个问题。

例如上述我们在定义目标问题中是这样描述的：在规定时间内，计划完成 20 个视频，已完成；计划实现累积点赞量达 20 万次，只达到 15 万次，差 5 万点赞；计划增粉 2 万人，只达到 1 万人，差 1 万人。

接下来，我们就要根据这个描述进行总结和解析。找到这个目标无法达成的原因是什么？根据你的抖音类型、粉丝属性、发布时间、视频内容等分析，就一定可以分析出原因。找到原因之后，拿出一个改进后的目标策略和路线。如，在规定时间之内，仅依靠一种视频内容是无法获取粉丝 2 万人的。再或者发现没有有特效的视频，粉丝很难点赞，这也是点赞数量无法达成的原因。根据这些问题，倒推方法，最后还要回归到制订目标中，我们要科学地制订，根据时间、粉丝属性、视频内容制订一个科学合理的目标，这样就能让抖音运营更加科学和专业。

8.3 结果对比：与原定目标相比有哪些亮点和不足

在复盘过程中，有一个步骤非常重要，那就是结果对比。

结果对比，顾名思义就是指结果与目标的对比，然后基于此对比，发现问题结果与目标之间可能会产生的差距，包括亮点和不足。其中主要有四种情况：

（1）顺利完成目标任务；

（2）超预期完成并取得优秀成绩；

（3）未完成且比预期差；

（4）在该过程中添加了新事件。

抖音运营者需要关注的一点是，在结果对比的环节中，其目的不是为了发现差距，而是为了发现问题。

有很多抖音主播往往在复盘中，只在数据分析（点赞、粉丝量、转发量等）层面做分析，对粉丝进行了分析和总结，但没有从整体抖音运营的诉求以及投入产出等目标维度进行对比，所以就发现不了问题。这样的结果对比复盘也就毫无意义。

所以，我们必须要在结果对比中更加注重实战，找到根源问题，这样才能让抖音运营更加顺畅。

8.3.1 结果陈述

结果陈述主要是数据的展示。换句话说，在复盘时，需要把数据拿到前面，好的坏的都要表现出来。为了更直观地体现结果是否达到预期，最好把实际结果跟各自目标指标做对比（绝对值/百分比），还要多引入外部典型项目样本，这样结果评估的结论更客观，也能够拓展整个抖音团队横向的运营视野。

一个专业的结果陈述应该是这样的（见图 8-4）：

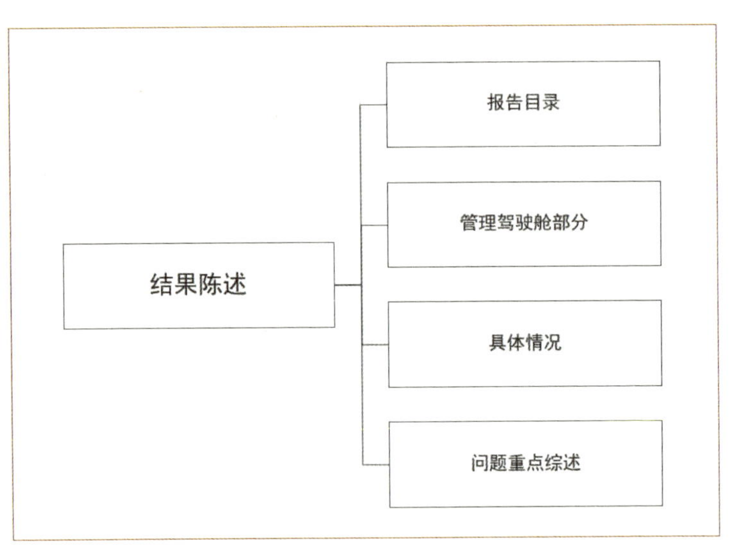

图 8-4　专业的结果陈述结构

报告目录。报告目录指的是具体结果的章节内容以及所在详情。

管理驾驶舱部分。管理驾驶舱是一个管理概念，起源于 ERP，指通过各类简明的彩色图形、图表、画面等直观视觉感触反映公司运营状况。试想一下，作为一个抖音运营者，每天面对的信息和数据都是成千上万的，在做复盘时，必须懂得利用图表等方式快速抓取驾驶舱部分，把握大体走向。

具体情况。根据一个企业的行业属性以及重点确定具体内容。我们以工业型企业为主，可以按照以下流程：采购、仓储、生产、质量、安保、销售、回款等几个方面。而在这几个环节中，每个环节都可以细化出几个小的部分和关注点。如采购，可以分出比价采购执行情况、采购计划完成状况、采购区域种类等。如此一来，这个复盘流程就会有20—30个关键指标，更加优化和详细。

问题重点综述。问题重点综述指的是对当月或者某个时间段重点工作完成进度的一个结果呈现，调出结果对比以及出现问题的内容等。

8.3.2 只描述亮点和不足

有了前面的结果陈述之后，接下来我们就要通过对比发现我们的运营过程中体现出来的亮点和不足。

例如我们以抖音运营为主，看一下如何找亮点和不足。

亮点：通过参加抖音的挑战赛等活动，对增粉的流程有了一定的了解；在短时间内弄清楚了粉丝的需求；根据粉丝需求快速呈现出更多样化的视频；与团队一起发起一个有意思的挑战赛，赢得了上万人参与；抖音视频封面得到了点赞。

不足：视频里呈现出来的内容逻辑不清楚，导致粉丝需求不明确；遇到问题的时候自己没有办法确定，需要向上级报告；负责特效技术的团队成员提出了两大难题；粉丝流失很快；不知道下一个视频的设计逻辑符不符合粉丝最新要求。

在结果对比的复盘环节中，我们要清楚一件事，那就是只描述结果和问题，不进行分析，不提出方法，因为这是下面复盘环节的事情。我们在这个环节做到科学专业即可。

8.4 分析原因：找到阻碍目标实现的因素

有了上面的结果对比之后，我们就要进行深刻的复盘，就是分析原因，找到阻碍目标实现的根本因素所在。

分析原因的步骤包括三方面（见图 8–5）：

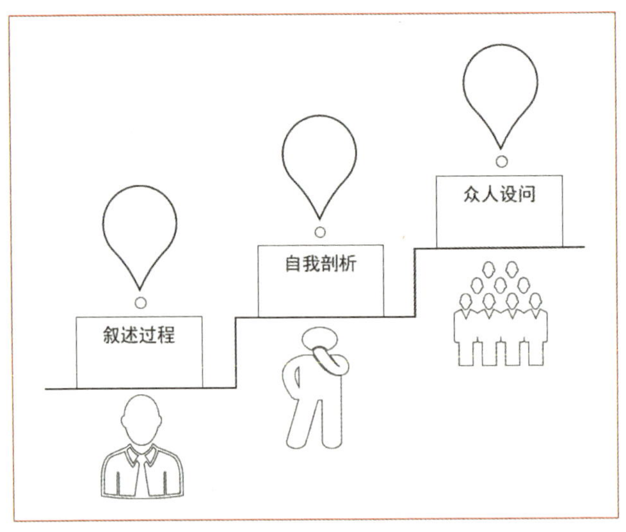

图 8–5 分析原因时的内容

看一下详细的内容：

叙述过程：叙述是一个团队的事情，过程叙述的目的是让所有复盘参与人员都知道整个事件的过程，这样大家才有共同讨论的基础，不要把时间都浪费在信息层面。

自我剖析：自我剖析的时候，一定要客观，甚至可以对自己不留情面。自我剖析是分辨事情的可控因素，搞清楚到底是因为自己掌控的部门出了问题，还是别的部分出了问题。

众人设问：通过团队成员的视角设问，这样可以突破个人见识的局限。设问要探索多种可能性以及其边界。

例如有一些抖音主播做得不是很好，在复盘时，分析更多的是基于数据和运营，而没有形成团队的自我剖析与众人设问。事前的参与角色方有会议报告，但会议结束后的会议总结及复盘没有形成团队行为，也没有形成此次活动成功关键因素及失败因素的总结，哪些是主观的，哪些是客观的。

比如自己的抖音视频中呈现的内容是不是有爆款思维。再比如对节假日营销活动来说，不能一概而论，如在“中秋节”和“国庆节”期间目标粉丝群是哪些，如果两个节日连接在一起，为什么不能在第一个视频中做“团圆”的主题，第二个视频做“假期旅行”等问题的分析。

团队综合讨论和分析，才能得出无法吸引粉丝的真正问题在哪里，缺少哪些爆点等。

8.4.1 用鱼骨图层层剖析

在结果陈述环节发现数据远超目标指标或者远达不到目标指标时，我们最需要的就是分析和剖析。最有效的方法就是采取鱼骨图的方法，层层剖析，找准产生偏差的关键原因，并尽可能地结合项目现有数据进行验证。

下面是具体操作绘制流程：

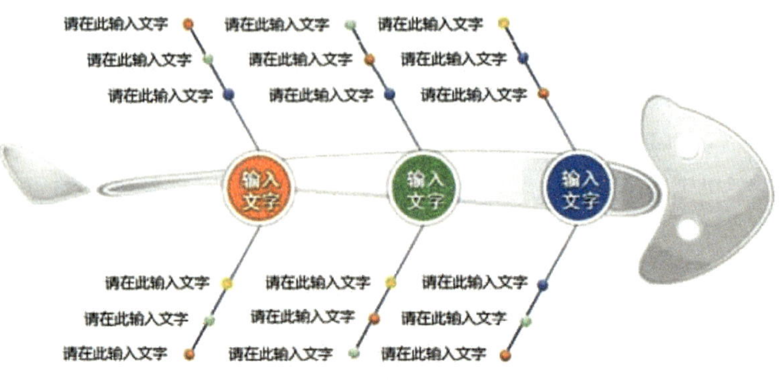

图 8–6　鱼骨图

第一，填写鱼头，标注为核心问题，并画出主骨。

第二，画出大骨，填写主原因。

在这个过程中，要列出不少于四个导致问题产生的核心影响因素，将它们作为大骨（主原因）。

第三，画出中骨、小骨，填写中小原因。

主原因主要是业务逻辑，必须选择中性词描述（不说明好坏），中、小原因须使用效果判断（如……不良）；小原因跟中原因之间要有直接的原因和问题关系，小原因应分析出可以有的方法和对策。

通过鱼骨图来层层剖析，就可以简明扼要且抓住要害地分析出阻碍目标实现的原因，并且根据这些原因还可以找到相应的源头和解决方案，这是每个抖音主播都应该掌握的方法和技巧。

8.4.2 用表格呈现成败的具体原因

在分析原因的环节中，我们还需要利用表格的方式一目了然地呈现出成败的具体原因。

作为一个抖音主播，应该更加熟悉和掌握这种方法。

成功原因：技术同事对视频制作和特效的环节非常熟悉；技术同事在原型及需求的基础上提出很多意见；之前模仿过一些大V的活动，做出过跟风行动，大获成功；通过前面的活动对于产品工作流程有了切实的体会和理解；团队有了较愉快的沟通交流；得到了大V的转发和宣传，让自己的抖音快速火热。

失败原因：没有站在粉丝角度观看视频；对一些新的文化概念和流行用语不理解，没有及时跟上形势；团队内部没有一份完整的粉丝需求清单；抖音主播自己对技术不了解；面对粉丝提出的问题没有改进和优化；运营方面提出紧急需求，导致产品、开发、设计、前端和测试的时间紧张，可能会有风险存在。

将这些成败的具体原因写在表格中，这样一目了然地复盘是每个抖音主播都应该学会的，也是抖音做大的前提条件。

8.5 总结经验：找到不足并进行优化

复盘就是总结？很多人往往以为这两者可以画等号。事实上，总结只是复盘的一部分，而且复盘是一个结构系统化的学习流程。只有清楚两者之间的区别，尤其是了解复盘总结经验环节的具体内容，我们才能做好抖音运营的复盘。下面看一下两者之间的区别：

复盘是一种结构化的总结方法

换句话说，复盘需要遵照一定的流程和步骤，然后按照一定的框架进行对事情的回顾和总结。通常意义上，我们认为的工作总结，只是根据个人的工作写出一份总结报告，不具备固定的结构和流程。

复盘是以学习为导向

这是复盘和总结之间最大的差别。我们都知道，工作总结一定要对工作做一个结论，或者画一个句号，提出工作中存在哪些好的地方，不好的地方、基本上全部的工作就是这些内容。

但是复盘本身并不是特别关注到底我们的绩效好还是不好，而是本着学习心态去做。无论工作的过程是好还是坏，已经发生了，我们的复盘目的就是从中学到经验和教训，找到未来可以优化的地方。所以，我们做复盘是以学习为导向的。

复盘通常是以团队的方式进行总结

单纯的总结往往是以个人方式来进行，但是在复盘过程中通常是一个团队行为。因为在企业里，或者一个项目的运作上，是由很多成员一起完成的，所以复盘是以团队的形式进行这种工作的总结，更是一种非常重要的团队学习和组织学习的机制。通过这种深度的剖析，能够激发团队的智慧，然后让大家能够挖掘出知识、经验，从而促进整体的提高和协同的效率改善。

在复盘过程中，总结经验是一个非常重要的环节。前期的回顾目标、结果对比、分析原因都是为了可以总结出有价值的经验，找到自己的不足，然后进行优化改善。对于抖音主播也是一样，视频发送之后，需要根据粉丝点赞量、评论和转发等分析数据，找到点赞少的原因，找到自己的不足，然后发动团队的力量，集思广益，做到优化。

8.5.1 经验，还是规律

做抖音运营，其复盘的核心目的在于从行动中学到经验教训，并将其付诸后续的改进。因此，确定导致行动成败的关键原因，找出解决方案，也是复盘过程中最重要的步骤。

在这里，我们需要注意几点（见图 8-7）：

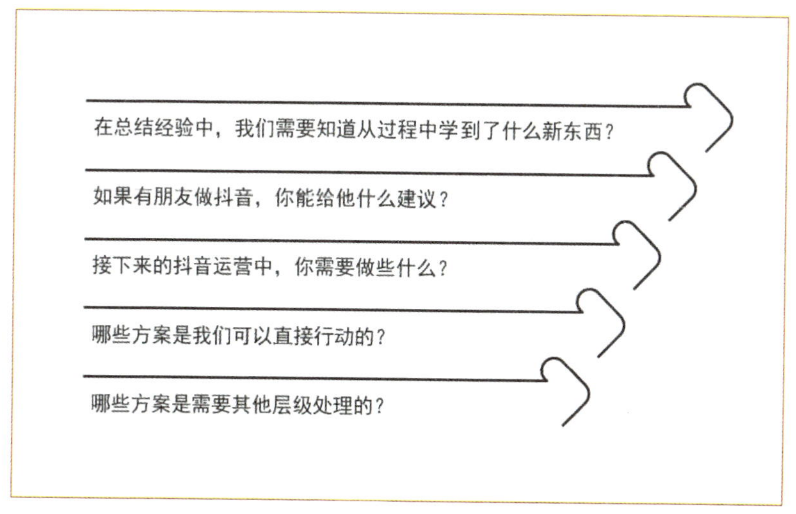

图 8-7　复盘总结经验时需要明确的几点

需要注意的是，在进行复盘时，我们很容易犯的一个错误就是轻易总结出“规律”，从而导致封闭或僵化。

实际上，复盘主要是针对具体事件的讨论，其得出的结论很可能具有局限性。也就是说，只是在当前情况下，由团队执行这项任务时发生了这样的状况。因此，通过这一次复盘得出的经验或教训并不一定普遍适用。因此，我们不能把当时的认识当成规律。当然，也不排除经由复盘提炼出常见问题的通用对策或一般性规律的可能性。

如何判断复盘的结论是否可靠呢？一般来说，可以通过以下四条原则评判：

(1) 复盘的结论是否排除了偶发性因素？换句话说，我们要知道在复盘过程中所经历的事件，以及分析得到的原因是否具有普遍性。这些内容可不可以适用于大多数情况？如果仅仅是个例，又是否有一定的偶然性？

(2) 复盘结论是指向人，还是指向事？有时候在复盘过程中，很容易混淆一件事，那就是对事和对人。有些时候会针对团队中某个人。事实上，团队复盘总结经验时，应该对事不对人。

(3) 复盘结论的得出，是否经过多次的追问？复盘总结经验时，最好需要三次以上的连续追问“为什么”，而不是很简单地得出结论，尤其是一些根本性的问题，必须要深刻剖析，不能仅停留于具体事件或者操作层面。

(4) 是否有类似事件的复盘结果，可以进行交叉验证？在复盘时，很可能会发现以前的问题又出现了，或者以前的经验也可能用得上。所以，在这个过程中，有必要交叉验证的可以交叉进行。

8.5.2 将经验化为行动

想要让复盘真正起作用，就必须落实到具体的行动计划，并执行到位，注重后续反馈。

关于行动计划，对于抖音运营者来说，必须关注自己能控制的事情，而不是超出自己控制范围的外部力量。否则，复盘是没有意义的。

根据复盘的经验，建议在考虑后续行动时，兼顾下面几个方面：

（1）开始做什么：基于从复盘总结中学到的经验教训，为了挽回损失、改进当前抖音运营以及未来的行动，可以开始做哪些事情。

（2）继续做什么：在这个阶段中，我们需要找出抖音运营团队中表现良好、需要保持下去的领域。当然，有时候我们很难识别。即使符合既定的标准，由于变量较多，通常也没有太明显的倾向。如果想让这些成功的经验"复现"，必须清晰地界定其潜在原因，明确需要保持或强化的领域。

（3）停止做什么：经过复盘，可能发现有些做法是不当的或者根本无法获得粉丝的需求，建议要停止这种做法。

8.6 结果评判：有衡量标准才能保证结果正确

经过总结经验这个步骤之后，复盘基本就结束了。然而，这并不是终点，我们还必须要有一个结果评判标准，即要明确复盘的效果如何？只有复盘结果到位、有效，才能保证这次复盘是正确且具有价值的。

对于抖音主播来说，复盘的评判很重要，直接关系到下一步抖音运营的程序和流程。因此，我们必须对复盘进行结果评判。

8.6.1 对复盘进行归档

归档就是对复盘的过程和结论建立档案，形成有据可查的资料。它将复盘中得出的认识，以文本的形式保存下来，而不是记忆在那些参与复盘的人员脑中。

归档的作用具体如下：

（1）归档可以复盘得到的经验和认知知识化，方便传播和查阅。

（2）归档是任何一个抖音运营者必要的管理手段。

（3）归档有助于保留复盘的智慧。

（4）归档还可以保留最真实、最准确的信息。

复盘归档是一种有价值的行为，可以把最真实、最准确的记录保存下来，保证每个人从复盘中得到的是同一信息。它还可以让那些没有参与复盘的人也能掌握复盘得出的规律和经验，让他们可以在自己今后的工作中进行学习和参考，提高抖音运营的效果。

为了让复盘归档的文件更好地发挥作用，在归档的目录上应该包括以下信息：

复盘的时间；复盘的事件；复盘参与的人员；复盘得出的规律和经验等。

例如下面抖音运营者的做法：

抖音第一期复盘档案记录

复盘时间	2018 年 6 月 20 日至 2018 年 7 月 20 日
复盘事件	对抖音号：××××××一个月以来粉丝数量进行复盘
复盘参与人员	抖音主播、抖音短视频内策划者、抖音特效制作者、抖音宣传者、抖音文案编辑者
复盘得出的经验	1. 粉丝属性大多数为 25 岁左右的女性； 2. 通过粉丝评论发现粉丝群更看重特效和背景音乐的选择； 3. 粉丝更喜欢专一，所以过去复杂多样的视频模式需要统一； 4. 视频发送时间很重要，大多数点赞都在 21 点左右； 5. 微博推广比微信推广更有效，粉丝特别喜欢微博内容。
备注	

如果进一步，还可以有一个参照领域的项目，说明对于什么事件，此文档提供的认识有参考作用。这种行为就好像一个指南针，在人们不知道如何行动，想从其他事件得到参考的时候，告诉他们可以参考何类文档。

8.6.2 复盘结论正确与否最好的验证是实践

在复盘的时候我们必然会遇到这样一个问题：复盘得出的结

论是不是就是真正的结论，有没有可能得出的结论是错误的，或者结论偏离现实？

这确实是一个很重要的问题，因为它连带着的是对复盘工作的重新评估：是否要继续往前推进、是否要继续探寻其他的可能。

事实上，复盘结论正确与否最好的验证就是实践。

如果复盘得出的是真正有价值的结论，它必然能够指导后面的实践，使得实践得出我们期待的结果，这可以称为复盘结论的有效性。然而，一旦进入实践阶段，则说明复盘工作已经结束，它并非复盘过程中当时就能确定。

复盘得出的结论是否可靠，必须在复盘的当时就做出一个判断，一般来说可以通过两个实战步骤评判：

第一，将复盘的结果进行一个假设。在假设中做好两种准备：第一种是正面假设，第二种是负面假设。对于正面假设，我们不用多说，自然是有效的。而对于负面假设，则要列出可能会出现的负面信息、不良影响等。

第二，做一个测试版的实战。无论是开发产品还是做抖音运营，我们都应该根据复盘结果做一个测试版。这个测试版就是实战版本。通过测试实战可以对复盘的结论一目了然。这样，运营者运营起来才会更加有效。

9 CHAPTER

变现：不能赚钱的抖音号都是“失败”的

做抖音的目的就是盈利，这是显而易见的。当下不少运营者不能清醒地领悟这一点，将抖音运营过程中的任何投入都当作对未来发展所做的投资。做抖音如同做企业，商界流行的一句话是：“不盈利的企业没有存在的必要，企业应该以盈利并为利益相关者创造最大价值为目的。”所以，抖音号不能变现，不能创造利润，运营者花费那么多心思又是为什么呢？难道仅仅只是为了娱乐吗？

9.1 盈利才是做抖音的目的

如何才能让抖音账号盈利呢？除了本书讲述的相关方法，其实最好的方式就是找到对的盈利模式，只做能盈利的事。什么是盈利模式？其实很好理解，就是抖音主播在运营抖账号时所产生的一切行为都是以盈利为目的，只做能盈利的事情，不做不盈利的事情。抖音账号盈利模式的内在结构包含了以下几个要素。

粉丝选择

你希望拥有什么类型的粉丝，你又能为他们提供什么价值？他们又如何让利，让抖音主播获取合理的利润？比如说你要在抖音上卖农产品，那么你就需要你的粉丝类型是属于农产品爱好者，他们在看抖音视频时接收了信息决定购买产品，而且这个产品的价格要让他们感到优惠，他们才会去购买。

价值获取

你怎么样从目标粉丝那里获取自己希望的回报，除了卖产品这种方式，还有其他办法吗？肯定有，比如接广告，粉丝从你的视频中看到了其他品牌的广告信息，然后接受它。

战略控制

抖音主播如何保护自己的潜在利润，粉丝让自己实现盈利的理由还是什么？他们又会如何被竞争对手挖走呢？粉丝帮助抖音主播实现盈利，理由肯定是喜欢主播、相信主播，只有主播的内容没有吸引力了，他们才会被更有吸引力的其他主播挖走。

业务范围

抖音账号的经营活动是什么，需要做什么改变以留住粉丝，带来预期的高盈利点？抖音主播通过拍摄某一方面的内容来吸引粉丝，而且要不断地产生新内容、做出创新，能给粉丝惊喜，粉丝才能继续留下来，成为忠实粉并为抖音主播带来更好的盈利。

成本控制

要秉持着一个原则“最小成本运营”，要尽量减去那些无效的成本，但不能轻易去做那些不该做的事。抖音主播不能管理成本本身，但是可以管理导致成本增加的内在流程。比如团队角色重复的人员，拍摄效果一般但支出庞大的视频等都会导致都会导致成本增加。

利润导向

实行以利润为导向的发展战略，一个抖音账号要生存、要发展壮大，首先就必须制定发展战略，在未来一个时期内做出一个统筹规划。比如3个月、6个月、一年、两年的发展轨道，确定该朝那个方向走、怎么走，以实现抖音账号的可持续发展。规划好发展战略，就必须紧紧围绕着这个战略去走，把其作为抖音主播行为的基础和原则，作为抖音主播短期行为和长期行为的主要规划。

方式多样

实现盈利的方式有很多种，抖音主播不要把自己局限在某一种方式中。接广告、做电商、开直播、给商家或企业引流，获得其他衍生价值，比如成为明星。如果抖音账号每一种盈利方式都适合，那么就都可以使用，如果不是，那就选择最适合自己的。比如摩登兄弟走红之后，他就选择了最适合自己的盈利方式，获取衍生价值成为明星。

9.2 接广告，为品牌定制内容

在以往，抖音主播在拥有了一定量的粉丝后，广告商们就会自动找上门，抖音主播们通过接广告就可以轻松实现盈利，一些抖音大咖甚至年入千万。但是，2018 年 7 月 20 日，抖音正式上线了自己的红人广告接单系统——星图平台。

其实早在 2018 年 6 月份举行的营销峰会上，抖音就公开了星图平台，以技术为驱动打造星图平台，系统化、平台化管理 KOL 红人及优质内容，同时通过互动创新激发更多互动方式，实现与品牌在多维共创共享。其实这个星图平台与微博推出的 KOL 广告接单系统“微任务”和快手接单功能相似，主要针对广告主和抖音红人这两个红人，其相当于一个中间服务商，抖音从中收取分成或附加费用。

星图平台的推出对于抖音主播来说有利有弊。

好的方面有三：一是有广告资源，不用担心接不到广告；二是省事，而且在谈价格、签合同、修改脚本等系列的繁琐工作都能省却；三是在视频投放环节，避免了被抖音屏蔽的风险。

不利的方面也是很明显的，主要体现在两个方面：一是抖音主播接广告权全在抖音官方的手中，二是可能会因为抽成问题导致收入减少。

任何事情都是有利有弊的，抖音主播想要通过广告盈利，那么不管是自己接单的还是官方分配的都要把它做好。那么如何做好广告呢？最好的方式就是为品牌定制内容。

9.2.1 寻求广告与视频内容的最佳组合

现代的商品市场已经发展为比较细分的消费者市场，广告的目的就是要把信息传递给目标消费者，针对目标消费者进行营销。抖音主播在决定是否在视频中植入广告之前，就要对自己的目标受众与广告商的目标受众进行调查，比较两者的目标消费人群的契合程度。一般情况下，抖音账号的目标受众与广告的目标消费人群重合度越高，植入的广告效果就越好。

在视频中植入广告时，要注意其品牌的内涵与视频的内容属性相符，以保证在植入过程中两者的和谐一致。如果植入品牌的内涵与视频的内容属性相契合，就有可能产生以大于一加一大于二的效果，反之亦然。

总而言之，好的植入广告，是建立在不破坏剧情美感的前提下，要少而精，要与场景匹配。

这一点，抖音主播们可以学习电影《疯狂动物城》的做法。在这部影片中口碑最高的除了树懒闪电，还有影片中的各种品牌植入场景。比如在早期的推广海报中，主角狐狸尼克和朱迪站在了类似于纽约时代广场的地方仰望着远方，在这张海报中，可以轻松找到类似于露露柠檬、普拉达、巴宝莉等品牌 Logo 的广告牌。

此外，在电影中呈现的品牌不止有赞助商，还有苹果、耐克、星巴克这些品牌，它们与剧情是高度契合的，一点都不会让人感到突兀和反感。

9.2.2 幽默植入，广告成笑点

其实，即使粉丝再喜欢抖音主播，但是对于广告都是天生有抵触感的。如果广告太多，每发一次广告可能就会败坏粉丝对抖音主播的一分好感。那么，可以不接广告吗？可以，如果你不想通过这种方式盈利。其实逃避并不是解决问题的办法，其实只要掌握好方法，广告不但不会让粉丝产生反感，还会给主播带来粉丝。这个方法就是幽默植入，让广告成为视频中的笑点。比如电视剧《十里春风不如你》中大宝的广告植入，就是采用了这种方式。一句“冲你脸大，再给你瓶大宝”，把广告词变成了搞笑的台词，让观众发笑的同时，又自然而然地接受了广告的信息。

抖音昵称为“老王欧巴”在打广告时就喜欢用这种方式，利用幽默的段子、剧情或者肢体语言，让粉丝在欢笑中接受了自己的广告信息。比如他在给芝麻信用打广告时，就采用了父子跳搞怪舞的方式（见图 9–1）。

图 9–1 “老王欧巴”的幽默呈现广告内容

9.2.3 直接给品牌定制内容

如果说以往抖音中的广告，是想方设法让产品与剧情产生关联，用这微弱的关联使让广告显得不会那么突兀，那么现在的广

告方式则是相反的，它是为广告定制内容。既然粉丝排斥视频中满满的商业气息，那就索性将之抽离出视频，直截了当地将其做集中化、趣味化处理，弱化对视频内容自身的伤害。

广告植入向来就是戴着镣铐跳舞，在过往案例中，要保证视频质量，照顾粉丝的情绪，产品的特性都无法很好地展现出来，这种浮于表面的宣传只能满足基本的传播需求，远远达不到品牌商需要的效果。因此，为品牌商专门定制内容，这个问题就可以得到很好地解决。

“老王欧巴”就是采取这种方式，他把广告视频与自己生产的内容作了彻底的区分，要么就是专门为广告商拍一个专门的视频，要么视频中就不插任何广告。比如他就专门为美团广告拍摄了一个视频，主题是“吃货的正确过节方式，你 get 到了吗?”。直接告诉粉丝我就在赤裸裸地打广告。当然，也是经过了剧情设计，使内容具备了一定的可看性（见图 9–2）。

图 9–2 “老王欧巴”为美团专门拍摄的广告视频

9.3 做电商，直达网站一站式购买

2018 年 3 月 26 日，抖音平台出现了关联淘宝的卖货链接，很多百万粉丝以上的抖音号的页面中可以添加购物车按钮，粉丝看

到这个购物车标识之后，点击即可出现商品推荐信息，粉丝甚至可以直接购买，一键链接淘宝店家。

抖音中有一个叫“野食小哥”的抖音主播，就依靠抖音电商，实现了爆款红利。看一下他是怎么做的。

野食小哥的抖音粉丝高达520万，他通过抖音购物车功能在视频中售卖定制的牛肉酱，最多一天达到了7万流水，同时这款牛肉酱也成为抖音爆款。

当天，野食小哥在抖音上发布了一条用泡面配酸菜牛肉酱的视频。在这个视频中，主播用一种特制的牛肉酱来搭配这碗面，通过视频特效呈现出来的泡面非常诱人。这个抖音视频也吸引了十几万人点赞。粉丝通过电商购物车，可以一键直达这家店铺，选购牛肉酱。

此无独有偶，“野食小哥”还发布了许多爆款美食视频，其中有一条关于小龙虾的视频，这个视频直接带动了粉丝吃小龙虾的欲望，仅一天就获得了接近7万点赞，人们只要点击购物车标志，就可以看到关于这款小龙虾的产品页（见图9–3）。

图9–3 “野食小哥”的小龙虾视频获得直接变现

截至2018年8月2日，有1.5万人通过抖音前往淘宝店，直接购买者高达上万人，为野食小哥带来了丰厚的利润。

抖音的这个功能开启了抖音达人的电商变现之路。当然了，这个功能不是所有人都能添加，目前这项功能仅对少部分抖音达人开放。

9.3.1 抖音电商必须具备极强的说服力

很多人认为，在抖音上做电商，肯定需要视频有一定的特技或者和粉丝有一定的黏度。事实上，野食小哥的做法与其视频质量和粉丝黏度并没有太大关系，在抖音上百万粉丝做电商的也有很多，但转化超过野食小哥的并不多。

究其原因是在于场景的错位，要想让抱着消遣心态看视频的用户启动“剁手模式”，还需要极强的说服能力。这个说服力的表现形式就是你必须要在视频中展示让粉丝欲罢不能的产品，直接戳中粉丝内心的消费欲望。

这需要在产品上做到几点要求：

(1) 视频展示产品必须是用户内心向往的。

(2) 产品必须时尚且实用。

(3) 产品是大众流行的。

(4) 产品独特个性。

(5) 产品可以体现出粉丝的品位。

(6) 物美价廉的。

当你的视频中的产品满足了这些条件中的任意三者，就可以获得粉丝青睐，粉丝自然会顺藤摸瓜，将产品加入购物车并直接下单。

9.3.2 所展示产品必须主播亲自试验

想要在抖音中展示自己的产品，甚至打造出爆款，让粉丝直接加入购物车，光在视频中推荐是没有用的，还必须要主播亲自试验。

就像上述“野食小哥”那样，亲自在视频中调制泡面，给牛肉酱特写，并且全面体现出牛肉酱的特色，这样粉丝忍不住想要多看几遍，导致最终加入购物车。

无论你是在视频中展示衣服还是食物，都应该亲自试验。例如衣服可以试穿，给粉丝展示出服装的美和适合穿的身材以及搭配方案，这样粉丝才会购买。食物虽然不能直接看出好不好吃，但是要品相上好看，甚至还要拍摄整个制作过程，粉丝放心，想要挑战，这样才会将其加入购物车。

9.3.3 视频策划要符合粉丝“潜在的当下任务”

想要利用抖音来做电商，必须要做好视频策划，只有策划好视频，才能合理地把用户吸引到植入产品中。

抖音的草根性和当下感能够带给粉丝较为强烈的真实感和好感度，可以抵消掉硬广会带给用户的不适感。

因此，我们可以利用抖音自带的快节奏功能展示产品，例如方便的削铅笔刀、自动橡皮擦等。这些都是抖音爆款，拍摄者根本没有用到什么拍摄技巧，但这丝毫不影响大家对产品的关注。因为它符合了快节奏和潜在的当下任务，所以具备魔性和带货力。假如粉丝是一个绘画者，经常用到铅笔、橡皮，那么这样的产品展示就很符合粉丝潜在的当下任务，他就会感兴趣，继而去添加产品到购物车。

9.4 开直播，粉丝送礼和卖货

大家都知道抖音是短视频发送的最佳平台，但是少有人知道抖音也可以做直播。既然可以开通直播，那么在抖音变现的道路上，我们就又多了一个选择。

抖音中一个叫于溪的抖音主播，粉丝具有117万，她在抖音中定期发布一些视频，这些视频搞怪之余，还加入了舞蹈、喜剧成分，同时插入一些广告，从而获得了百万粉丝的关注。不仅如此，她为了更好地变现，还开通了直播功能。

点击她的抖音主页，就能看到她的直播（如果她正在做直播，那么在她的抖音主页右上角头像下方有一个“直播中”的标识，点击即可进入她的直播间）。

在直播中，于溪通常会选择跳舞、唱歌等多才多艺的方式。粉丝可以通过打赏礼物的方式来支持她，而每一个打赏的礼物都需要花钱才能买到，所以于溪通过这种方式直接获得变现。同时，她的直播中还有粉丝团，粉丝如果第一次看直播，喜欢这位主播，那么就可以加入于溪的粉丝团，享受专属福利。当前，想要加入于溪的直播粉丝团，需要先交纳60抖币。这也是于溪直播的另一种变现方式。

同时，像于溪这样依靠直播的主播，还可以通过直播来卖货、推销产品，这样的方式也可以为主播带来更大的利润。

总之，依靠抖音直播变现没有时间（15秒）的限制，而且也没有上传的操作，只需要现场直播就可以。只要你有吸引粉丝的本领，就可以实现巨大的变现。

下面看一下，如何在抖音中做到直播变现。

9.4.1 开通直播的条件和方式

抖音直播不是任何人都可以开通的，对于抖音直播，抖音做出了一些规定。

针对下列三个条件中只要满足任意一个即可：

条件 1：抖音账号所拥有的粉丝数量达到 5 万以上，而且任意一个作品点赞为 100+；

条件 2：抖音账号为“技术帝”，多次发一些技术视频以及优质视频；

条件 3：活跃的抖音内测体验师。

当你满足这些条件之后，接下来你需要开通直播，其方式如下图（见图 9–4）：

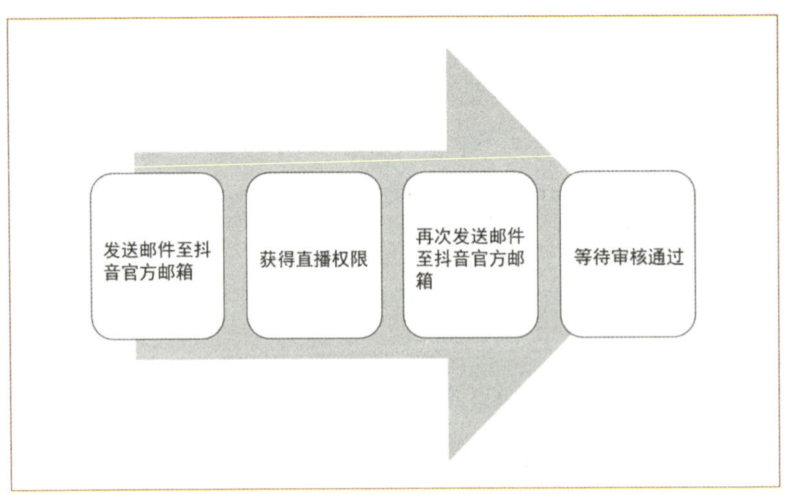

图 9–4　开通抖音直播的流程

打开邮箱，登录邮箱账号，邮件的收件人设置为抖音官方邮箱账号，这里账号的获取方法可以通过抖音主页的设置，找到关于抖音即可查找到官方邮箱号账号。

在邮箱的主题页面中，填写为“直播申请+账号昵称”。在邮件的正文格式为“昵称+ID+个人页面截图+作品链接+身份证照片”。其中视频作品链接可以通过视频右侧的“分享-复制链接”然后复制作品的链接。

最终审核并签约账号的前提是你已经获取直播的权限。然后你需要再次发送邮件至抖音官方邮箱账号，邮箱标题为：“直播合约申请+昵称”，内容为“昵称+ID+抖音账号”即可。最后，你需要等待，大概一周左右即可完成审核。

9.4.2 用才华获得粉丝打赏

当你开通了抖音直播之后，就可以在直播中进行多才多艺的展示。例如像上述于溪那样唱歌、跳舞。当然，你还可以展示自己的才华，例如写毛笔字、画画、弹琴等，当粉丝被你的才华打动时，就会送上礼物打赏。而这些礼物就是主播的直接收入。

当然了，在这里，我们还需要注意一点，那就是在直播过程中，需要和粉丝进行良好的互动。互动做到位之后，粉丝才会更加喜欢你，从而更愿意打赏。

另外，在直播时，拒绝那些毫无营养、非常无聊的聊天或者发呆内容，这样的内容很容易压榨粉丝的时间，而且粉丝一无所获，自然不会打赏。因此，我们在直播前要进行粉丝调查，调查粉丝喜欢什么内容，然后针对这个内容进行直播，戳中粉丝痛点的直播一定可以获得更好评，也能获得更多打赏。

9.4.3 边直播边卖货

除了可以依靠粉丝打赏变现之外，还可以借助自己的一技之长或者是店铺信息来在直播中卖货。

抖音中有一个叫囚徒的抖音主播，是一位手工达人，他平时会拍下自己做手工的过程发送到抖音短视频。但是开通了直播之后，他开始边做手工边做直播，例如他在直播中现场做了一个木制勺子，非常精美。很多粉丝就在直播评论区询问一些问题，例如哪里可以买到木勺子，哪里可以买他用的工具，以及有没有开淘宝店铺等信息。而这位主播就直接在直播里推销自己的淘宝店铺以及微商店铺，这样的方式也为这位抖音主播带来了一大波红利。

目前已经有部分抖音达人获得一项特殊权限，那就是可以在直播页面放出电商购物车按钮，粉丝可以边看边买，形式上类似淘宝直播。

除此之外，我们还可以在直播中给自己做其他方面的导流，例如导流到一些知名品牌电商网站中。这样也可以获得间接提成，为自己实现多样变现。

9.5 引流，让抖音之外的平台获利

很多抖音号虽然不能在抖音上直接变现，但是却可以在抖音之外实现巨大变现。比如有些垂直行业的抖音号通过在视频中植入自己的微信号，为微商导流，或推出相应的周边。再或者为其他 APP、平台账号导粉，从而获得红利。

我们举个例子来看一下，如何做到引流变现。

在抖音上有一个表情兔的抖音号，仅在两天时间之内就通过抖音给公众号涨粉 130 万。

该公众号创建于 2018 年 2 月 28 日，起因是运营者看到抖音上一些很火的表情包视频，以及很多人在评论区求表情包。他们在抖音上发了一个视频，内容是如何搜索关注这个公众号并得到抖音热门表情包。据抖音运营者透露，这条视频播放量 1300 万，仅在两天之内就给公众号涨粉 130 万，一周涨粉到 150 万。

有了这些粉丝，公众号的变现就会更加强大，这就是引流变现的威力。

下面看一下，具体抖音号应该如何通过引流变现。

9.5.1 抖音+小程序，组合式变现

抖音引流量变现就是让抖音之外的平台获利。这样的方式最典型的做法就是抖音+微信的方式，这包括微信社群、微商店铺、小程序等。我们以抖音+小程序的方式看一下，如何打这套组合拳。

(1) 抖音视频推送有意思、创意的内容；

(2) 抖音视频评论中加入小程序引导。

我们以一个关于签名的抖音号来说一下，具体怎么做。

在抖音上有一个“豆芽签名”的抖音号，经常在抖音中发布个性签名的视频，随便一个视频都有几十万的评论，可以说，流量巨大。

事实上，这类签名可以出售。很多人在评论区回应自己写得不好也不会设计。针对这个问题，“豆芽签名”给出了很明确的引导方式，粉丝只要打开微信顶部的搜索框，输入“签名小程序”，排在前面的就是这个抖音号引流的小程序平台。这些小程序

是需要付费的，这样就很成功地为小程序做到了引流变现。

9.5.2 抖音+店铺组合拳

当你有了一定的粉丝量之后，还可以在抖音上把流量引导到自己的店铺平台，为店铺带来直接转化。

抖音主播可以在火爆的视频评论中，加入自己店铺的信息，让看到的粉丝直接搜索店铺购买视频同款产品。

抖音主播还可以在个人签名中加入店铺信息，当然为了不被抖音平台屏蔽，可以采取隐形方式，例如微信写成（V信）方式。粉丝自然能够明白其中的意思。

当然了，将抖音流量引导到店铺时，需要注意一点：在视频中加入的信息一定要打动粉丝。换句话说，在视频中要有吸引粉丝消费的痛点。例如一个健身馆的抖音号，在抖音上经常发布一些关于健身、养生、减肥等视频，获得了几十万粉丝。后来这个抖音号在视频的最后加入了自己健身馆的店铺信息，获得了直接引流变现。

9.5.3 在引流的实体店拍摄视频

想要把抖音的粉丝引流到变现的平台，还有一种非常有效的做法，那就是在自己引流的实体店内拍摄视频。

例如有一叫“天猫小店，冬冬超市”的抖音号，抖音主播就经常在店内拍摄一些搞笑视频，场景自然是实体店铺，而主播手中的一些道具也往往是店内的产品。这样就很容易吸引粉丝注意到店铺信息和产品，从而关注这个店铺，甚至还会光顾消费。

再比如一个叫“一号童装店”的抖音主播也在自己的店铺内拍摄视频，拍摄的内容是老板收银时，给客户赠送的厚重礼品。

这样的视频也能很大程度上吸引粉丝前往店铺消费。

当然了，如果你没有实体店，只有网上店铺，那么你的拍摄场景内也可以放置有关平台店铺的标志、广告牌等。这样粉丝看到如果感兴趣自然会搜索，为你获得流量和变现转化。

9.6 获衍生，抖音大咖转型获取附加值

抖音变现还有一种方式，那就是坚持原创，坚持更新，最终成为抖音大咖，也就是所谓的抖音红人、抖音 KOL。当你成了抖音达人之后，凭借千万粉丝，甚至可以与明星抗衡。达到这样的境界之后，你基本上就可以变现，获得衍生附加价值，例如推出自己的产品、接广告、代言、踏上星途等。

图 9–5 黑脸 V 抖音主页

在抖音搜索“黑脸 V”，会发现这是一个拥有 2444 万粉丝的抖音大咖。他的头像白底黑头，黑色的头像，看不到脸，给人一种神秘感（见图 9–5）。

打开他的主页，你会发现他每一个视频的点赞量都在几十万，甚至上百万以上。为什么每一个视频都有如此多的点赞呢？因为他的视频极其神秘，且充满了浓浓的黑科技，酷炫神秘是每个粉丝都好奇的引子。

标志性的一身黑衣服，黑色帽衫罩在头上，脸部更是一片黑

色，你永远无法看到他的真面目，但是他却处处能够给你在视频中展现惊喜，这就是“黑脸 V”的魅力。

事实上，“黑脸 V”在抖音玩的是技术，也是抖音中为数不多的技术流玩家。更难的是黑脸 V 保持定期更新，这为他带来了大量忠实粉丝。同时，他还坚持自我创新，并没有抄袭其他的创意，每个视频都让粉丝耳目一新。

粉丝几千万的黑脸 V 不仅成了抖音红人，而且还获得了大量意想不到的变现。有很多知名商家开始找他做植入，例如必胜客、OPPO、苹果、宝马等大牌。这给他带来了大量的变现，同时他还打算推出属于自己的一些衍生品。

从黑脸 V 的抖音中可以看出，一个从零开始的抖音初学者，只要坚持发视频，有创意，就能够成为大咖，成为大咖之后就会获得衍生变现，这是一个必然的过程。

9.6.1 抖音红人转型成为个人超级 IP

玩抖音玩到一定的程度，指的是具备海量粉丝之后，还可以转型成为个人超级 IP，也就是我们通常所说的“网红”，甚至是明星。

例如在抖音上大火的费启鸣，因为有了海量粉丝之后，成了抖音红人，甚至有一部电视剧《我在未来等你》向其发出邀约，未来将会踏上星途。

除了当演员之外，还有一些原创音乐人也在抖音上传播自己的原创作品。

2018 年夏天，抖音推出了“看见音乐计划”，全面扶持原创音乐人，相关抖音音乐人的个人主页会出现“音乐”一栏，相关音乐被使用的次数和相关视频获赞数综合排名，直接关系到他们能否进入决赛。

抖音此举是一举多得，既能支持原创音乐，又招揽了一批原创作者，还可以为抖音平台贡献一大批优质素材，顺便还巩固了自身的调性和活跃度。

但是对这些原创作者来说，可以通过抖音让自己的作品获得更多关注的机会。有些音乐人通过发段子获得百万粉丝，签约唱片公司，有发唱片的机会，甚至从此进入歌坛，成为坐拥百万粉丝的歌手。

就算有些抖音红人不能成为演员或者歌手，但是也会有跟大机会获得电商购物车、1 分钟长视频、直播等功能的内测邀请，商业变现的机会则更多。

9.6.2 抖音大咖借助视频推出自己的衍生产品

互联网赚钱的公式是：流量=金钱。

只要有了流量，变现就不是问题。而抖音，现在就是一个坐拥超级庞大流量的平台。运用一些小技巧，就可以引流相当大的一部分流量，有了流量，就不怕做不成变现。

著名波谱艺术领袖安迪·沃霍尔说过一句话：“未来，每个人都能出名 15 分钟。”

抖音大咖如何在视频中推出自己的衍生产品呢？

下面这个案例的操作会告诉我们答案：

有个抖音号在抖音教大家如何做 PPT。因为一个知识点，可以讲解很长时间，抖音属于短视频平台。于是该抖音主播就把一个知识点分割成了无数段的视频，这样不但可以吸引客户关注，也能够把内容讲详细了。

这位抖音主播对 PPT 方面操作比较了解，所以自己操作软件讲解自己所录制的视频。吸引了大量粉丝之后，就可以变现。关于变现，这位抖音主播的方式在视频中加入自己的微信社群 PPT 课程（产品），想要更深入学习的粉丝也就买单了。

除了 PPT 教程以外，还有 PS、CAD、英语等，这些都可以在抖音主播获得粉丝，成为大咖之后拿来变现。

还有一些抖音主播，在前期依靠自己的搭配方式和各种街拍获得了大量粉丝之后，后期开始利用海量粉丝来销售自己的服装品牌，在变现方面更是大获全胜。

9.7 企业号，蓝 V 的变现新玩法

企业玩转抖音，最重要也是最直接的目的就是变现。而在抖音变现的过程中，企业号最有效的方案就是获得蓝 V 认证。

2018 年 6 月 1 日，抖音官方发布通知称“抖音企业号 6 月 1 日正式上线”，也就是所谓的蓝 V 认证，最直观的表现就是企业在抖音账号的头像下角有个蓝色的“V”标识。例如凯迪拉克、你的爱抖乐事、唯品会、河狸家、支付宝、膜法世家等等。

抖音在发出企业号通知的时候，还列举出了蓝 V 的四大基本福利（见图 9–6）：

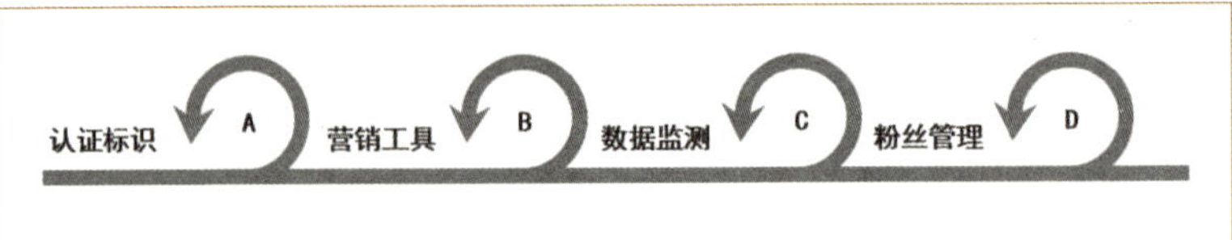

图 9–6　蓝 V 认证四大基本福利

详细来分析，企业号还具有12项特殊权益：

抖音企业认证号的十二项权益

官方认证标识	企业号昵称下方展示蓝色V以及认证信息
自定义头图	企业号主页可自定义设置头图展示
视频置顶	企业号主页可以设置3个置顶视频
官网链接	企业号主页可以增加官网跳转链接按钮
一分钟长视频	企业号发布抖音短视频时间最长可为1分钟
电商购物车	在视频内添加购物车功能，支持跳转到店铺页面
私信自定义回复	用户私信触发关键词，可自动回复
认领POI地址	企业号可认领POI地址并编辑门店信息
认证同步	免费同步认证信息到其他平台
昵称搜索置顶	企业号昵称全匹配搜索时可置顶
昵称锁定保护	企业号之间昵称不允许重名，先到先得
数据分析	企业号可获得运营数据，主页数据，互动数据

企业开启平台认证，还可享受今日头条APP、抖音短视频APP、火山小视频三大平台的认证标识、专属权益。

此外，在2018年6月1日前已经开通头条"企业认证"的用户也可通过账号关联的方式快速获取抖音认证。

9.7.1 蓝 V 外链接跳转到一键购物

在抖音认证的企业号有一个可以直接变现的渠道，那就是外链接。即在该账号的主页上有一个“查看详情”链接，点击即可进入企业的商业页面，在这里，企业可以呈现自己的产品主页，里面有产品详情，更有一键购物的选择。

例如，在美图手机的认证号主页上，点击“查看详情”，即可进入全新美图 T9 手机页面。在这里，不仅有对这款手机的详细介绍，在最上面有一个“立即购买”的按钮（见图 9–7、图 9–8），点击即可进入购买付款页面。

此外，我们还可以看到，在企业蓝 V 认证号的抖音页面最上

图 9–7　美图抖音号的“查看详情”

图 9–8　美图抖音号外链接购物页面